Public Speaking!
스피치, 토론, 프레젠테이션

최지원 著

목 차

1장 말을 잘한다는 것에 대해 — 3

2장 효과적인 발음과 발성 — 13

3장 발표 불안증의 이해와 극복 — 27

4장 핵심 메시지의 전달과 발표 개요서의 작성 — 37

5장 비언어적 요소가 발표에 미치는 영향 — 49

6장 프레젠테이션 — 61

7장 스피치의 실행 — 79

8장 집단 의사 결정 방법 — 81

9장 토론의 기본 원칙 — 89

10장 논제의 3가지 형식 — 95

11장 토론의 핵심 과정 — 103

12장 찬성 입론과 반대 입론의 전개 — 123

13장 논증의 형식 — 133

[본 교재 구성의 목표]

- 말을 잘한다는 것의 본질이 무엇인지 이해합니다.
- 메시지를 잘 전달하기 위해 필요한 노력을 체득합니다.
- 타인에게 말하는 것의 책임감을 인지합니다.
- 토론을 통해 민주시민의 소양을 기릅니다.

[저자 소개]

최 지 원

경희대학교 커뮤니케이션학 박사(휴먼 커뮤니케이션 전공)

경희대학교 커뮤니케이션학 석사(전략 커뮤니케이션 스피치토론 전공)

humanism39@gmail.com

- 논문 : TV토론 진행자의 진행 스타일이 진행자에 대한 공신력과 수용자의 태도 및 시청 만족도에 미치는 영향: 남자 대학생을 중심으로(2014), 아카데미 토론의 입론 전개 방식에 따른 설득 효과: 설득 지식 모델을 중심으로(2015), 방송 프로그램에 나타난 충청도 소통 스타일의 체면 연구(2016), 연예인 사과 메시지의 위기관리 효과: 위기 유형, 사과 전략, 및 사과 주체를 중심으로(2017), 발표 할당제가 발표 효능감에 미치는 영향(2017), 허세와 내숭의 측정 척도 개발(2019), 인간의 기본 감정에 따른 어조 탐색과 스펙트럼 분석(2019)

- 저서 : NCS기반 인간관계관리론(공저), 디베이트지도사 1·2급(공저), Public Speaking! 스피치, 토론, 프레젠테이션(2020)

Public Speaking!
스피치, 토론, 프레젠테이션

최지원 著

1장
말을 잘한다는 것에 대해

1장 말을 잘한다는 것에 대해

말은 잘해야 하나, 잘 해야 하나?
말은 상대가 알아듣게 해야 하나, 청산유수로 해야 하나?

듣고 싶었던 말을 알아듣기 쉽게	하고 싶은 말을 막힘 없이 술술
훌륭한 소통가	고독한 달변가

memo
잘하다 : 옳고 바르게 하다.
잘 하다 : 습관적으로 하다. 원활하게 막힘없이 하다.

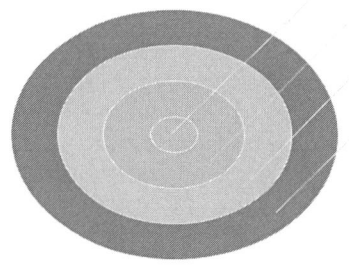

전달력 : 내 말을 듣게 하는 힘
공신력 : 내 말을 믿게 하는 힘
자제력 : 내 욕망을 억누르는 힘
통찰력 : 상대의 마음을 읽는 힘

memo
공신력 : 공적인 신뢰를 받을 만한 능력
통찰력 : 사물이나 현상을 꿰뚫어 보는 능력
자제력 : 자신의 감정이나 욕망을 스스로 억누르는 힘
전달력 : 생각이나 말 따위를 남에게 전달하는 능력

전달력은 말을 듣게 하는 힘

✓ 메시지 7%, 비주얼 55%, 음성 38% 라는 고전적 연구 결과에 따라 발표자는 외형적인 것과 음성적인 것을 점검하여 전달력을 높음

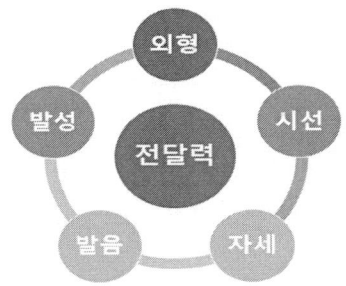

- 외형 : 옷차림, 표정
- 시선 : 효과적인 시선 처리
- 자세 : 제스처, 걸음
- 발음 : 발음 훈련
- 발성 : 목소리의 중요성

+ 연설 불안감을 떨치는 방법

memo

좋은 전달력을 가진 사람!
그런데, 누군가 써 준 글을 밤새 외워 전하는 것이라면?

우리는 문제가 생겼을 때 왜 전문가를 찾아가는가?
왜 그가 제시한 해결 방법을 따르는가?
우리는 누구의 말을 믿고 싶은가?

memo

- 아리스토텔레스가 말한 설득의 핵심은 에토스(ETHOS)
- 공신력, 그의 말을 믿을 것인지 믿지 않을 것인지를 결정하는 요인

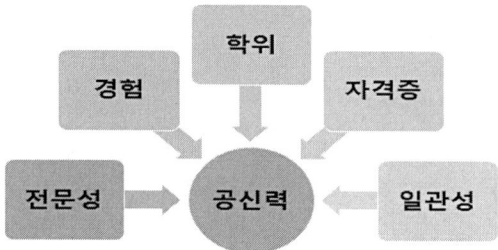

자격을 갖춘 사람, 결과를 책임질 수 있는 사람
공신력은 말을 믿게 하는 힘

높은 공신력을 가진 사람!
그런데, 그가 비윤리적이거나 자신의 이익만을 추구한다면?

- 대입 정시 모집 확대 → 아직 대학 보낼 자녀가 남았는가?
- 오디션 프로그램 결과 조작 → 국민 픽이 아닌, PD 픽이었네
- 권력의 사유화 → 원칙과 신뢰의 이미지가 불통과 무능으로

✓ 자신의 욕망을 억누르는 힘, 자제력

- 리더가 권한을 악용해 사익을 추구하면 부패 시작
- 사익 추구의 의도가 드러나면 그의 말에 귀를 닫기 시작할 것
- 공익을 추구하는 선의는 사람들을 모이게 함

memo

늘 좋은 의도를 가진 사람!
그런데, 상대가 바라는 것이 무엇인지 모른다면?

출처 : 박해조(1998), 「눈먼 최선은 최악을 낳는다」, 『제목 없는 책』,빛다림터

서로 사랑한 사자와 소
사자는 소를 위해서 고기를 주었고
소는 사자를 위해서 풀을 주었습니다.
못 먹는 고기와 못 먹는 풀은 고통스럽다.
더 이상 참을 수 없게 된 둘은 헤어졌다.
난 너에게 최선을 다 했어……

눈 먼 최선을 최악을 낳는다.

memo

以聽得心

이청득심 : 상대를 존중하고 귀 기울여 들으면 마음을 얻을 수 있다.

상대의 마음을 읽는 힘, 통찰력
상대가 원하는 것을 경청을 통해 파악하고 그에 대해 말하는 것
그것이 진짜 말 잘하는 사람

memo

'진짜' 말을 잘하는 사람은

- 통찰력을 발휘해 상대가 원하는 것을 파악하고
- 자제력을 통해 사익 추구의 욕망을 억누르며
- 공신력을 통해 말할 자격이 있는 것만 말하며
- 전달력을 통해 잘 이해할 수 있도록 하는 것

memo

1장 과제 수행하기

말을
잘한다고
생각하는
사람은?

자신의 주변에 있는 사람들 중 말을 잘 한다고 생각하는 사람과 잘한다고 생각하는 사람을 선택한 후 소개해 봅시다.

1장 내용 정리

1. 말을 잘하는 것은 듣고 싶은 말을 알아듣기 쉽게 전해주는 소통가이며 잘 하는 것은 단지 하고 싶은 말을 막힘없이 술술 청산유수로 전달하는 것으로 고독한 달변가에 그칠 수 있다.
2. 말을 잘하기 위해서는 전달력과 공신력, 자제력, 통찰력을 갖춰야 한다.
3. 전달력은 생각이나 말 따위를 남에게 전달하는 능력으로 내 말을 듣게 하는 힘이다.
4. 공신력은 공적인 신뢰를 받을 만한 능력으로 내 말을 믿게 하는 힘이다.
5. 자제력은 자신의 감정이나 욕망을 억누르는 것으로 공익을 위해 움직이는 힘이다.
6. 통찰력은 사물의 현상을 꿰뚫어 보는 능력으로 상대의 마음을 읽어 듣고 싶은 말을 들려주는 힘이다.
7. 진짜 말을 잘하는 사람은 통찰력을 발휘해 상대가 원하는 것을 파악하고, 자신의 욕심이 아닌 모두의 이익을 위해 자신의 공신력을 활용하는 사람이다. 마지막으로 자신이 전하고자 하는 바를 정확히 전달하기 위해 더 나은 전달력을 갖기 위해 노력한다면 상대에 대한 배려를 갖추게 된다.

2장
효과적인 발음과 발성

2장 효과적인 발음과 발성

■ 발표의 3연출

시각적 연출 : 외모, 표정, 자세, 시선, 동선
음성적 연출 : 목소리, 발음, 발성, 어조, 감정, PAUSE
심리적 연출 : 발표 불안의 관리

- 55% 보여지는 것
- 38% 음성적 요인
- 7% 말의 내용

※ UCLA Merabian의 연구(1984)

■ 정확한 발음의 중요성

✓ 정확한 말하기의 시작은 정확히 듣기

- 이해 가능한 입력 = 모사 가능한 입력
- 조음 인식 오류 = 발음의 오류
- 인식한 소리를 특정 음가로 발음

발음·발성 훈련 과정
제대로 듣기 → 풍부한 발성 →
정확한 발음 → 표준 성조

✓ 내 소리 듣기
외부 소리 : 외이
내 목소리 : 외이 + 내이

- 녹음된 표준 소리를 외이로 듣고
- 귀를 막고 내 목소리로 읽은 후
- 표준 소리와 내 소리 비교

■ 풍부한 발성

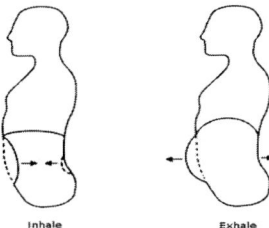

✓ 공명 기관의 활용 → 소리의 확장

✓ 복식 호흡 → 폐활량과 호흡량 증가 → 깊고 풍부한 소리 → 풍부한 표현력

> 다같이 돌자 동네 한 바퀴
> 아침 일찍 일어나 동네 한 바퀴
> 우리보고 나팔꽃 인사합니다
> 우리도 인사하며 동네 한 바퀴
> 바둑이도 같이 돌자 동네 한 바퀴

✓ 목소리는 제2의 얼굴
성별, 나이, 신체특성, 감정상태 등 약 200여 가지의 정보가 담겨 있음

■ 정확한 발음

✓ 정확한 발음을 내지 않는 이유
  - 정확한 발음에 대한 인식 부족
  - 조음 기관*의 비활성화   *조음 기관 : 소리를 내는데 관련된 기관
    - 혀, 입술, 턱, 연구개, 성대 : 움직일 수 있는 기관
    - 치아, 경구개, 입천장 : 움직일 수 없는 기관

■ 발음 장애의 유형

입술 : 어눌한 발음
제대로 오므렸다 벌렸다
하지 않은 경우

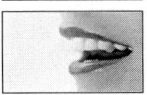
치아 : 새는 발음
치아가 고르지 못하거나
빠져 있는 경우

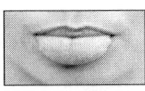
혀 : 짧은 발음
혀를 부지런히 움직이지
않는 경우

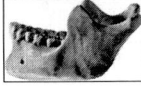
턱 : 웅얼거리는 발음
턱을 활용하지 않는 경우

■ 발음 훈련

1. 조음 기관 근육 풀기
2. 발음의 최소 단위 : 자음, 모음 연습
3. 낱말 연습 : 자음과 모음의 결합
4. 문장 연습 : 낱말의 연속체

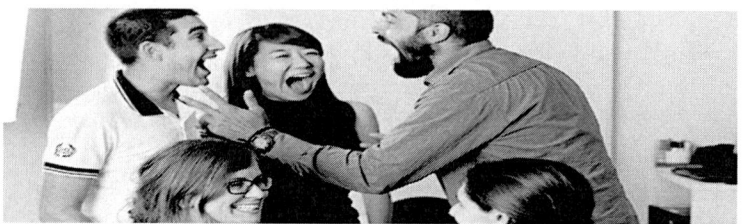

memo

■ 조음 기관 훈련

주의! 얼굴이 못생겨 집니다.
혀,입술,연구개,턱을 괴롭혀야 하니까요!

연구개 풀기 – 혀 풀기 – 입술 풀기 – 턱 풀기

1. 간단한 허밍과 함께 손바닥으로 얼굴 마사지
2. 혀에 진동을 넣은 상태 유지하기,입천장에 튕기기
3. 푸우~ 소리를 내며 입술을 위아래로 떨기
4. 최대한 턱을 움직여 아에이오우 정확히 소리내기

memo

■ 발음 연습하기

기본 발음
가 갸 거 겨 고 교 구 규 그 기
나 냐 너 녀 노 뇨 누 뉴 느 니
다 댜 더 뎌 도 됴 두 듀 드 디

어려운 발음
**싸 패 슝 썬 쭉 헉 훅 땅 열 력 랠
탑 땁 퍽 를 을 릴 얄 물 불 줄 풀 훅 헐**

어려운 단어
중앙청 창살 쌍창살, 시청 창살 외창살

어려운 문장
내가 그린 구름그림은 새털구름 그린 구름그림이고,
네가 그린 구름그림은 깃털구름 그린 구름그림이다.

memo

■ 표준 성조

성조어 : 한 어절 안에서 음가 차이가 발생
비성조어 : 한 어절은 하나의 음으로 나열

① 가 가 가 가 ?	그 애가 그 애니?
② 가 가 가 가 가 ?	그 아이가 (성이) '가'씨니?
③ 가 가 가 가 가	'가'씨가 가서
④ 가 가 가 가 가	그 애가 가져 간 다음에
⑤ 가! 가 가. 가 가!	가라! 가서, 가져가렴!

memo

그림 출처 : https://blog.naver.com/soho3045

■ 표준 성조 출처 : 정대찬(2015). 올바른 표준어 구사를 위한 훈련법

사투리 억양은 단조로운 비성조로 연습 후 표준 억양 훈련

memo

■ 어조 관리하기

명령조	제가 말하는 대로 따라 하기나 하세요.
짜증조	제가 이렇게 중요한 정보를 전달하고 있는데 왜 안 들으십니까?
무시조	대학생이 이 정도 수준도 이해 못해서야 되겠습니까?

담백, 친근, 애교, 인자, 스마트한 어조 장착하기

memo

> 읽을거리 : 어조에 대한 연구

■ 인간의 기본 감정에 따른 어조 탐색과 스펙트럼 분석
한국소통학보, 18권, 4호, 121-157. 최지원·김지아·정영주·허경호(2019)

■ 연구 방법

본 연구는 감정과 어조가 밀접한 관련이 있다는 선행 연구 결과를 바탕으로 어조를 구분하고자 하였다. 이를 위해 감정을 나타내는 '감정 동사'를 분석에 사용하였다. 최석재(2008)는 세이버, 슈월쓰, 키르손, 코너(Shaver, Schwarth, Kirson & Connor, 1987)의 연구에서 추출된 6개의 감정 그룹을 바탕으로 한국어 감정 동사를 각 그룹의 특징에 알맞게 배치시켰는데 이 과정에서 김은영(2004)이 분류한 494개의 한국어 감정 동사를 활용하였다. 본 연구는 인간의 기본 감정에 기반한 어조를 분석하기 위해 최석재(2008)가 6개의 감정 그룹에 배치한 감정 동사를 해당 감정 내에서 유사성을 기준으로 1차 통합하였으며, 이후 각 감정 동사가 표현될 때 구현되는 어조를 명명(命名)하였다. 494개의 감정 동사 중 2인 미만의 일치도를 보이는 것은 제외했으며 최종 437개의 감정 동사가 분석에 사용되었다. 또한 어조의 스펙트럼 특징을 분석하기 위하여 메이트랜드(1977)가 제시한 중립 문장 "I am going out of the room now. But, I'll be back later."를 "지금 방에서 나갈 거예요. 하지만 나중에 돌아올 거예요."로 번역한 후 연구자 한 명이 각 어조에 맞게 구현한 후 녹음하였다. 녹음에 참여한 연구자는 표준어를 구사하며 한국인의 평균 발화 속도인 1분당 300~320 음절을 구사하였다. 녹음은 조용한 환경에서 마이크를 사용하여 진행하였고 발화 위치를 일정하게 유지하여 진행하였다.

■ 연구 결과

한국어 감정 동사를 바탕으로 어조를 분석한 결과 사랑을 표현하는 어조 4가지, 기쁨을 표현하는 어조 12가지, 놀람을 표현하는 어조 3가지, 분노를 표현하는 어조 10가지, 슬픔을 표현하는 어조 16가지 그리고 두려움을 표현하는 어조 7가지가 추출되었다.

1) 사랑을 표현하는 어조

감정	감정동사 특징	어조
사랑	귀엽게 느껴지는(귀엽다 등)	애교조
	호감을 느끼는(좋아하다, 사랑하다, 호감가다, 정가다 등)	호감조
	무엇인가를 바라는(간원하다, 간절하다, 바라다, 소망하다 등)	소망조
	마음을 사로잡거나 호리는(매혹하다 등)	매혹조

2) 기쁨을 표현하는 어조

감정	감정동사 특징	어조
기쁨	즐거운(유쾌하다, 재미있다, 기쁘다 등)	유쾌조
	같은 생각을 갖는(공감하다, 동감하다 등)	공감조
	마음이 흡족한(만족하다, 흐뭇하다, 뿌듯하다 등)	만족조
	긍정적인 상태를 드러내는(자랑하다, 자부하다, 자신하다 등)	자랑조
	들떠서 두근거리는(설레다, 들뜨다 등)	설렘조
	몹시 즐거운(통쾌하다, 속시원하다, 개운하다, 신나다 등)	신명조
	조용하고 평안한(안정하다, 편안하다, 안심하다 등)	평온조
	마음이 움직이는(감격하다, 감동하다, 감탄하다 등)	감동조
	고마운 마음을 느끼는(감사하다, 황송하다, 대견하다 등)	감사조
	마음을 빼앗겨 진정하지 못하는(황홀하다 등)	황홀조
	정이 많은(다정하다, 감미롭다 등)	다정조
	믿을 수 있는(든든하다, 듬직하다, 미쁘다 등)	듬직조

3) 놀람을 표현하는 어조

감정	감정동사 특징	어조
놀람	크게 놀라는(경악하다, 아연실색하다, 놀라다 등)	아연실색조
	정신을 놓는(망연자실하다 등)	망연자실조
	잘 몰라서 얼떨떨한(어리둥절하다, 벙벙하다 등)	어리둥절조

4) 분노를 표현하는 어조

감정	감정동사 특징	어조
분노	몹시 성이 나는(분노하다, 화나다, 노발대발하다 등)	분노조
	마음이 맞지 않아 역정이 나는(짜증나다, 성가시다 등)	짜증조
	남이 잘되는 것이 미운(질투하다, 샘나다, 부럽다 등)	질투조
	마음에 들지 않는(언짢다, 얄밉다, 불쾌하다 등)	불만조

싫어서 꺼리게 되는(혐오하다, 환멸하다, 치떨다 등)	혐오조
탓하거나 미워하는(원망하다, 탓하다 등)	원망조
깔보거나 업신여기는(무시하다, 같잖다 등)	무시조
남을 나쁘게 말하는(비난하다 등)	비난조
분하고 답답한(억울하다, 분하다 등)	억울조
대들거나 반대하는(반항하다 등)	반항조

5) 슬픔을 표현하는 어조

감정	감정동사 특징	어조
슬픔	슬프고 가슴 아픈(애통하다, 슬프다, 눈물겹다 등)	애통조
	활기가 없는(우울하다, 시무룩하다, 음울하다 등)	우울조
	안타까움이 없이 차가운(냉담하다, 매정하다, 삭막하다 등)	냉담조
	안타깝고 부끄러운(민망하다, 망신스럽다, 무안하다 등)	민망조
	스스로를 책망하는(자책하다, 책망하다 등)	자책조
	기를 펴지 못하는(위축되다, 주눅들다, 기죽다 등)	위축조
	잘못을 깨우치고 뉘우치는(뉘우치다, 회개하다, 후회하다 등)	후회조
	이러지도 저러지도 못하는(곤란하다, 난감하다, 난처하다 등)	난감조
	뜻대로 되지 않아 슬픈(낙심하다, 좌절하다, 실망하다 등)	실망조
	딱하고 가엽게 여기는(안쓰럽다, 불쌍하다, 측은하다 등)	연민조
	마음이 내키지 않는(꺼림칙하다, 떨떠름하다 등)	떨떠름조
	자연스럽지 못한(서먹서먹하다, 어색하다, 낯설다 등)	어색조
	지루하고 답답한(따분하다, 심심하다, 답답하다 등)	따분조
	슬픔을 참고 씩씩한(비장하다 등)	비장조
	어이가 없고 허무한(공허하다, 허탈하다, 어이없다 등)	허망조
	아쉽거나 섭섭한(서운하다, 섭섭하다 등)	서운조

6) 두려움을 표현하는 어조

감정	감정동사 특징	어조
두려움	무섭거나 두려운 마음이 생기는(겁나다, 질겁하다, 무섭다 등)	두려움조
	다급해서 어쩔 줄을 모르는(당황하다, 당혹하다 등)	당황조
	믿지 못하는(의심하다, 불신하다, 의아하다 등)	의심조
	충돌이 일어나 괴로운(갈등하다, 고뇌하다, 고민하다 등)	고민조
	마음이 떨리는(긴장하다, 뒤숭숭하다, 초조하다 등)	긴장조
	안심이 되지 않는(걱정하다, 염려하다, 조마조마하다 등)	근심조
	숨이 막힐 것 같은(갑갑하다, 답답하다 등)	답답조

■ 평균 주파수와 평균 진폭에 따른 배치 분석

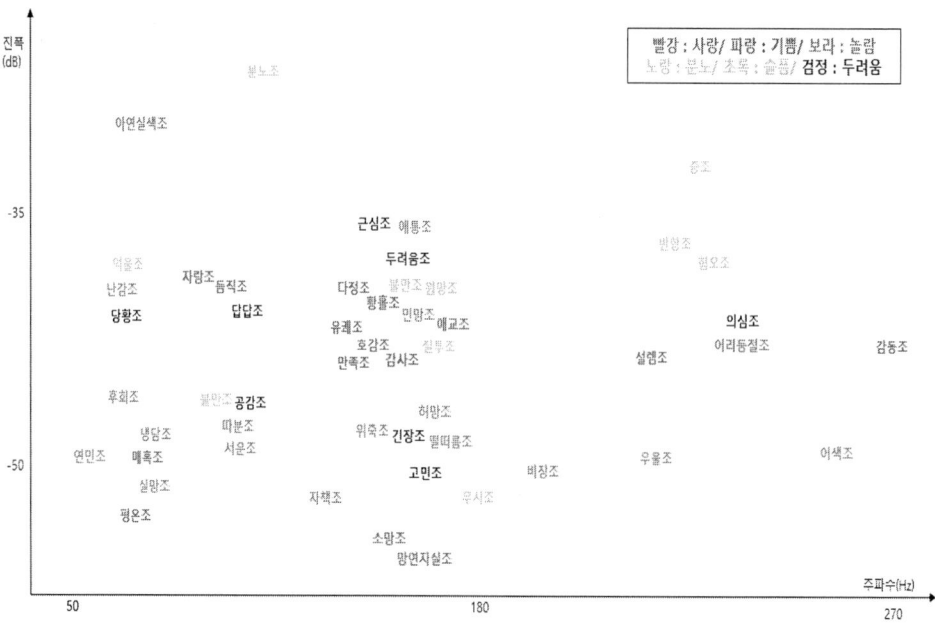

■ 평균 주파수와 평균 진폭에 따른 그룹화

그룹	주파수	진폭	해당 어조
1	낮음	낮음	평온조, 실망조, 연민조, 매혹조, 냉담조, 후회조, 서운조, 따분조, 불안조, 공감조
2	낮음	높음	당황조, 난감조, 억울조, 답답조, 듬직조, 자랑조
3	낮음	매우 높음	아연실색조, 분노조
4	중간	낮음	망연자실조, 소망조, 자책조, 무시조, 고민조, 비장조, 위축조, 긴장조, 떨떠름조, 허망조
5	중간	높음	만족조, 감사조, 호감조, 질투조, 유쾌조, 애교조, 민망조, 황홀조, 다정조, 불만조, 원망조, 두려움조, 애통조, 근심조
6	높음	낮음	우울조, 어색조
7	높음	높음	설렘조, 어리둥절조, 의심조, 감동조, 혐오조, 반항조, 짜증조

2장 과제 수행하기

■ 아래에 제시되는 3개의 글을 읽어 봅시다.
1. 정확성 : 처음부터 끝까지 틀리지 않고 낭독하는가?
2. 발음 : 소리만으로 듣는 사람이 전달하는 내용을 정확히 파악할 수 있는가?
3. 발성 : 안정된 호흡으로 전달하는가?
4. 어조 : 상황에 적절한 어조를 구사하는가?

1. 연극, 뜨거운 양철지붕 위의 고양이 - 테네시 윌리엄스 作

당신은 언제나 이기든 지든 상관하지 않고 침묵하는 버릇을 갖고 있었죠. 하지만 침묵만이 능사는 아니거든요. 그럼요, 침묵의 법칙으론 아무 일도 안 된단 말이죠. 침묵의 법칙은 소용없어요. 당신이 어떤 괴로운 추억이나 상상 가운데서 앓고 있을 때, 침묵의 법칙으론 해결이 안 돼요. 그건 마치 불난 집 문을 꽉꽉 잠가 버리고, 그 집이 타고 있다는 걸 잊어버리려고 하는 거나 같아요. 하지만 불을 보지 않는다고 해서 그 집이 타지 않는 건 아니잖아요. 침묵은 오히려 괴로움을 확대시키죠. 침묵 속에서 자라서 곪고 악화되는 거예요.

2. 굿모닝 FM 오프닝

나이가 들면서 잃어버리는 것 중 하나가 표정이 아닐까 싶어요. 언젠가부터 얼굴에 표정이 사라지고, 감정 표현에도 무뎌지는 걸 느끼게 되는데요. 그럴 때면 좋은 건 온몸으로 좋아하고, 슬플 땐 온몸으로 아파하는 어린 아이들이 부러워지죠. 아이들이 감정 표현이 풍부한 이유! 누군가 이렇게 알려줬습니다. "그건 당연한 일입니다. 아이들이 겪는 웬만한 일들은 평생 처음 겪는 일생일대의 사건이거든요!" 난생 처음이 주는 짜릿한 긴장감! 느껴본 지 오래됐다면 오늘은요. 지금까지 한 번도 경험하지 못했던 일을 계획해보면 어떨까요?

3. SBS 박선영 아나운서 뉴스 멘트

네, 오늘 새벽 이곳에는 촉촉한 겨울비가 내렸는데요, 비 때문에 훈련하는 우리 선수들 고생하는 건 아닌지 걱정이었는데, 다행히 지금은 모두 그쳤습니다. 올림픽 개막, 어느덧 이틀 앞으로 다가왔습니다. 이곳 시간으로 어제 우리 대한민국 선수단이 올림픽 선수촌 입촌식을 가졌습니다. 지금 제가 있는 이곳은 올림픽 선수촌 입구입니다. 이곳에 오기까지 까다로운 보안검색이 있어서 자칫 경직된 분위기가 아닐까 걱정 됐었는데요. 막상 이곳에 오니 각국 선수들을 반기는 축제의 분위기입니다.

2장 내용정리

1. 발표는 시각적 연출과 음성적 연출, 심리적 연출로 이루어진다.
2. 정확한 발음은 정확한 듣기에서부터 시작하며 조음 인식의 오류는 발음의 오류로 이어질 수 있다.
3. 녹음된 내 목소리와 실제 들리는 내 목소리가 다르게 느껴지는 이유는 녹음된 목소리는 외이를 통해 들리는 반면 내게 들리는 내 목소리는 내이와 외이의 공명을 통해 전달되는 차이가 있기 때문이다. 녹음된 내 목소리가 실제 자신의 목소리라 할 수 있다.
4. 복식 호흡을 통해 폐활량을 증가시키면 한 호흡에 더 많은 소리를 전달할 수 있고 깊고 소리로 보다 풍부한 표현이 가능하게 된다.
5. 정확하지 않은 발음은 발음에 대한 인식 부족과 조음 기관의 비활성화에 의해 발생한다.
6. 발음의 훈련은 조음 기관의 근육 풀기, 발음의 최소 단위 연습하기, 자음과 모음의 결합인 낱말 연습하기, 낱말의 연속체인 문장 연습하기 순서로 진행된다.
7. 비표준성조는 단조로운 비성조 연습으로 시작해 표준 억양을 익히는 방법으로 진행한다.
8. 메시지의 정확한 전달은 정확한 발음과 함께 긍정적인 어조에 영향을 받는다.

3장
발표 불안증의 이해와 극복

3장 발표 불안증의 이해와 극복

■ 사람들이 느끼는 공포

도위스(Dowin, 2000)의 연구

6위 죽음(19%)
5위 깊은 물(19%)
3위 금전적인 문제(22%)
2위 고공 공포(32%)
1위 대중 앞에서 말하기(41%)

조사 결과 미국인의 40%가 발표 불안증
발표와 토론 문화가 일상화되지 않은 한국은 더 높을 것

memo

그림 출처 : https://m.post.naver.com/viewer/postView.nhn?volumeNo=16588698&memberNo=19486206&vType=VERTICAL

■ 불안감

✓ 프로이트(Freud)의 불안
- 명확한 원인이 무엇인지 모른 체 느끼는 두려움
 1) 현실불안 : 현실 지각에 따른 두려움
 2) 신경성 불안 : 합리적 자아(ego)와 원초아(id) 간 갈등

✓ 커텔(Cattell)의 불안
 1) 상태 불안 : 특정 상황에 대한 즉각적 반응. 시간에 따라 정도가 변함
 2) 특성 불안 : 개인의 고정화된 성향. 환경을 지각하고 대응할 때
        비교적 일관성 있게 발생

memo

▣ 발표 불안감

✓ **상태 불안이다!**
- 사회적 상황에서 오는 불안감
- 사람이 많거나, 유능하고 비판적이며 권위적인 청중일수록 불안감 상승

✓ **특성 불안이다!**
- 개인의 특성에 따라 달리 발생

발표 불안은 복합적 불안
특정 상태에서 발생하는 상태 불안이지만
개인에 따라 양상이 다른 특성 불안

memo

▣ 발표 불안의 증상

✓ **BLACK OUT**
- 전기 사용량이 전기 공급량을 초과하여 나타나는 정전 사태
- 과음으로 인한 기억 상실 현상
- 발표할 때 긴장되어 아무 것도 생각나지 않는 상태

✓ **사회적 증상**
- 대인 접촉 기피, 논리적 사고 장애

✓ **신체적 증상**
- 땀, 자세 불안, 목소리 떨림, 머뭇거림, 빠른 속도,
  불안한 눈맞춤, 불필요한 몸짓

memo

그림 출처 : https://m.post.naver.com/viewer/postView.nhn?volumeNo=16588698&memberNo=19486206&vType=VERTICAL

▣ 발표 불안의 흐름

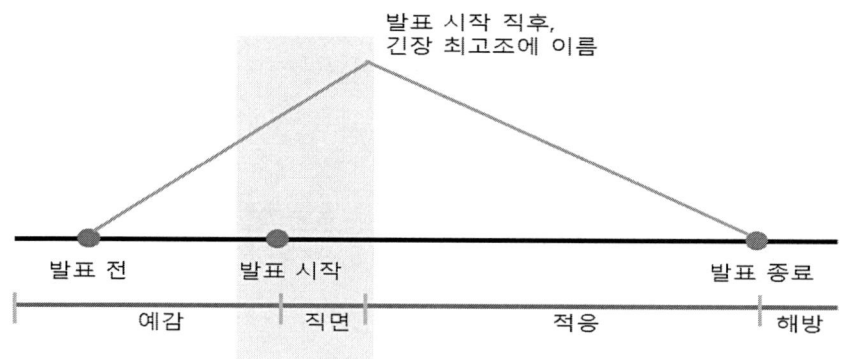

▣ 꼭 필요한 긴장감

중요한 발표에서 긴장되지 않는다면?

상대를 중요한 존재로 인식하지 않는다.
이 상황을 의미 있게 생각하지 않는다.
나는 정신적으로 문제가 있다.

**적당한 긴장은 각성 상태가 되어
발표에 도움이 된다.**

▣ 발표 불안의 원인1

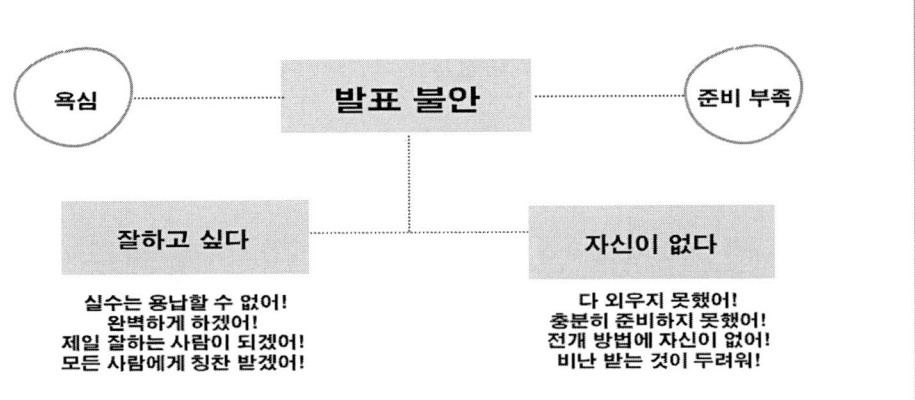

▣ 발표 불안의 원인2

✓ **자아존중감(self-esteem)의 부족**
: 개인이 자신에 관하여 내리는 지속적 평가
  - 자신을 가치 있는 사람으로 생각하는 정도
  - 자아 개념 형성 단계에 최종적으로 형성되는 자기 인식

에릭슨(Erikson)의 자아 발달 단계 중 학령기에 형성

  ✓ **4단계 : 학령기(7~12세)** → 자신감과 열등감
    - 체계적인 교육과 사회적 기술 학습
    - 과제 수행 성공 경험은 자신감, 실패 경험은 열등감

■ 낮은 자존감의 징후

중단하기 질 것 같거나 못할 것 같으면 그만두거나 포기한다.
   ex) 게임을 하다 판을 엎거나 "나 안해, 안하고 싶어"하며 자리를 뜬다.

회피하기 실패할 것 같으면 아예 도전하려는 시도 조차 안 한다.
   ex) 무관심한 척 하거나 "그런 걸 왜 해? 난 재미없는데?"하며 무시한다.

합리화하기 : 실패, 실수에 대해 외부 환경이나 다른 사람 핑계를 댄다.
   ex) 꽃병을 깬 것은 동생이 집안에서 놀자고 한 탓이라고 우긴다.

memo

■ 발표 불안의 극복

✓ **반복된 연습과 경험**
   - 반복은 유사한 상황에서도 긴장을 통제할 수 있는 능력
   - 경험 쌓기를 중단하면 곧바로 원래의 모습으로 후퇴

✓ **도구의 사용**
   - 마이크, 테이블, 필기도구, 보조자료, 발표 위치 등

✓ **자존감 회복**
   - 과거와 화해하기
   - 작은 목표 세워 성공하기

memo

3장 과제 수행하기

▣ 에릭슨(Erikson)의 자아 발달 단계
: 인간의 일생에서 겪게 되는 8단계 위기. 위기 극복 과정 = 사회화 과정

- ✓ 1단계 : 유아기(1~2세) → 신뢰감과 불신감
- ✓ 2단계 : 초기 아동기(3~4세) → 자율성과 수치심
- ✓ 3단계 : 유희기(5~6세) → 창조성과 죄의식
- ✓ 4단계 : 학령기(7~12세) → 자신감과 열등감
- ✓ 5단계 : 청소년기(13~19세) → 자아 정체감과 역할 혼돈

1. 에릭슨의 발달 단계 중 내가 극복하지 못한 위기는 무엇인가?
2. 그 상황을 객관적으로 바라보면 무엇이 달라지는가?
3. 내가 극복하지 못한 위기를 다시 극복하기 위해 필요한 계획은 무엇인가?

나는 선택 장애를 가지고 있을 정도로 자율성이 부족하다. 어린이집에 다닐 때 내가 위험한 행동을 할까 봐 엄마가 과도한 통제를 하셨다. 집 앞 놀이터의 미끄럼틀이나 그네도 탈 수도 없었다. 어린 나는 엄마의 통제에 거부하며 무엇이든 혼자 해보려고 시도했지만 늘 역부족이었다. 하고 싶은 것들을 통제당한 나는 무력감을 느꼈을 것이다. 그래서 지금의 나는 누군가가 결정해서 통보해 주는 것을 따르는 것이 편하다.

그러나 엄마의 입장에서 생각해 보면, 너무 활동적인 나를 감당하기 힘드셨을 것이다. 동생과 나를 돌보시느라 늘 지쳐 있던 엄마는 조금이라도 말이 통하는 내가 엄마의 말을 들어줬으면 하는 바람이셨을 것이다. 조용한 성격의 엄마는 위험을 사전에 차단하기 위해서는 아예 시도조차 하지 못하게 하는 것이 옳다고 여기셨을 것이다.

자율을 획득하기 위해 나는 일주일 동안 점심 메뉴를 직접 결정해 볼 것이다. 늘 친구들이 제안하는 메뉴를 따랐는데 일주일 동안은 내가 직접 선택하고 제안해 볼 것이다. 식사 후 맛이 없다고 불평하는 친구가 있다면 회피하지 않고 내일은 괜찮을 것이라 말하며 더 좋은 메뉴를 고민할 것이다. 이런 방법으로 자율성 위기를 극복하는 힘을 길러 자존감을 높일 것이다.

자존감 높이기 프로젝트

3장 내용 정리

1. 대중 앞에서 말하기는 대부분의 사람들이 불안감을 느끼는 행위이다.
2. 프로이트의 불안은 원인이 무엇인지 모른 체 느끼는 두려움으로 현실 불안과 신경성 불안으로 구분된다.
3. 커텔은 불안을 상태 불안과 특성 불안으로 구분했는데 발표 불안은 발표 상황이라는 특정 상태에서 발생하는 것이기도 하지만 개인의 특성에 따라 달리 나타나므로 복합적인 불안이라 할 수 있다.
4. 발표 불안의 증상은 아무 것도 생각나지 않는 블랙아웃증상, 사회적 증상, 신체적 증상으로 구분되어 나타난다.
5. 발표 불안은 발표 전에 불안이 증가하는 예감, 발표 시작 직후 불안이 극대화되는 직면, 발표가 진행되면서 불안이 감소하는 적응, 발표가 끝나면서 불안이 종료되는 해방으로 구분된다.
6. 발표 불안에 따른 적당한 긴장감은 각성 상태가 되어 오히려 발표에 도움이 된다.
7. 발표 불안은 잘하고 싶다는 욕심과 준비 부족, 자신감의 부족에서 발생한다.
8. 자신감과 연관된 자아존중감은 학령기에 성공의 경험을 통해 획득된다.
9. 발표 불안을 극복하기 위해서는 반복된 연습과 경험이 필요하며 발표 상황에서 도구를 사용하는 것은 불안감 완화에 도움이 될 수 있다.

4장
핵심 메시지의 전달과 발표 개요서의 작성

4장 핵심 메시지의 전달과 발표 개요서의 작성

▣ 검증된 방법을 따르는 것

가량(假量) vs **계량**(計量)
: 확실하지는 않으나 어느 정도가 되리라고 짐작하여 봄.
: 확실하고 정확한 정도를 헤아려 완성도를 높임.

과학과 비과학, 전문가와 비전문가의 차이
- 남에게 가르쳐 줄 수 있는가?
- 같은 결과를 도출할 수 있는가?

검증된 절차를 따르는 것은 시행착오를 줄여준다.

memo

▣ 스피치 준비 과정

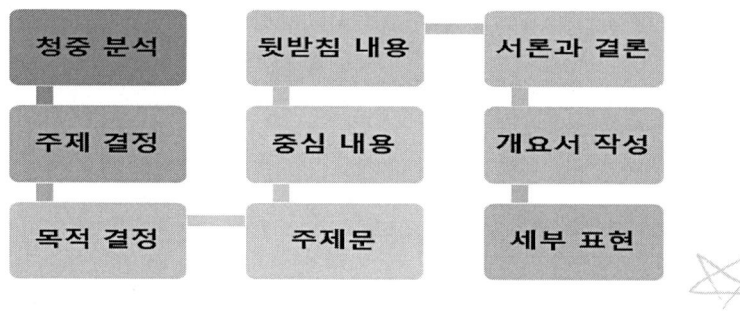

암기

memo

■ 청중 분석의 중요성

✓ **인간 행위의 선택성**
- 자신이 경험하지 못하고 이익과 무관한 영역은 중립적 태도
- 경험해 본 대상이나 이익과 결부된 영역은 확고한 태도
- 인간은 기존 태도가 무엇인지에 따라 선택적 행위를 함

1. **선택적 참여** : 자신의 태도에 부합하는 내용을 골라 듣는 경향
2. **선택적 인식** : 자신에게 유리한 방향으로 해석하려는 경향
3. **선택적 저장** : 필요한 부분만 자신에게 유리하게 저장하려는 경향

✓ **스피치의 목적은 의도한 효과를 거두는 것**
- 스피치 실행 자체가 스피치의 목적이 아님
- 의도한 효과를 얻기 위해서 청중의 욕구에 부합해야 함

memo

■ 좋은 주제

말은 글과 달라 미괄식 구성이 집중력을 떨어트릴 수 있다.

✓ **좋은 주제는**
- 잘 알고 있는 주제 : 지식이나 경험이 많은 분야
- 평소 관심을 가져왔던 주제 : 발표 준비를 배움의 기회로 활용

> **현학적 허세, 지적 허영(snobbism)의 끝은?**
> 현학적 허세에 길들여져 있는 사람들
> 공작새들처럼 서로 날갯짓을 하며 잘난 척 하는 사람들

memo
영국의 작가 윌리엄 새커리(William Makepeace Thackeray)가 1848년 집필한 『영국속물열전(The Book of Snobs)』에서 신분이 낮은 사람을 뜻하던 '속물'(snob)이라는 단어가 19세기부터 '신사인 체하고 허세를 부리는 사람들'이란 뜻으로 변용됨. 현재 스노비즘은 고상한 체하는 속물근성, 또는 출신이나 학식을 공개적으로 자랑하는 취미나 타입을 가리키는 말로 쓰임.
출처 : 네이버 지식백과

■ 발표의 목적

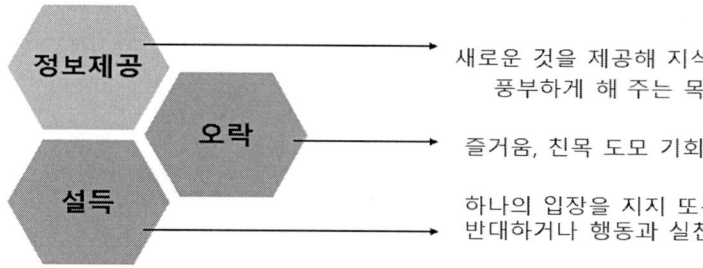

- 정보제공 → 새로운 것을 제공해 지식과 정보를 풍부하게 해 주는 목적
- 오락 → 즐거움, 친목 도모 기회 제공
- 설득 → 하나의 입장을 지지 또는 반대하거나 행동과 실천을 촉구

✓ 하고 싶은 말이 많더라도 가장 중점적인 목적에 집중

■ 주요 아이디어의 개발

✓ 주요 아이디어 :
  - 주제를 자세히 설명하기 위해 반드시 다루어야 하는 주요 소재
    자기 소개 : 성장 배경, 학창 시절, 성격 장·단점, 지원 이유, 입사 후 각오
    상황 전달 : 육하원칙 → 누가, 언제, 어디서, 무엇을, 어떻게, 왜

✓ 대안 제시의 주요 아이디어
  - 문제점 : 무엇이 문제인가?
  - 심각성 : 이 문제가 대책이 필요할 만큼 심각한가?
  - 지속성 : 이 문제가 지속적으로 문제를 일으키는가?
  - 해결 가능성 : 대안이 이 문제를 해결할 수 있는가?
  - 실현 가능성 : 새 정책이 실현 가능한가?
  - 부작용과 보완 : 또 다른 문제가 발생하지 않는가? 어떻게 보완할 것인가?

대안 : 잊혀질 권리를 보장해야 한다.

문제점 : 개인이 온라인에 남긴 게시물이 통제 불가 수준

심각성 : 개인 정보 유출, 사생활 침해 문제 발생

지속성 : 삭제되지 않는 한 지속적으로 발생

해결 가능성 : 잊혀질 권리 보장을 통해 개인 정보 삭제 허용

실현 가능성 : 개인의 요청에 따라 업체가 검토 후 승인

부작용과 보완 : 악용 가능성에 따른 삭제 기준 마련

memo

■ 서론의 중요성

시작이 반이다? 스피치의 시작은 반 이상이다!

- 발표 불안 증세와 함께 시작하는 서론
- 서론이 잘 진행되면 발표 불안 증세 완화
- 본론을 잘 진행할 수 있는 발판
  → 발표의 서론은 꼼꼼히 구체적으로 준비

- 흥미를 끄는 도입
- 주제 안내
- 선의와 공신력 밝히기
- 발표 내용 안내하기

memo

▣ 관심과 흥미 유발

✓ **서론의 가장 중요한 기능은 청중의 관심과 흥미를 유발시키는 것**

- **관심 끌기 기법** : "내일 갑자기 기온이 떨어지고 폭설이 내린다고 합니다."
- **인용에 의한 기법** : 다른 사람이 남긴 말, 유명한 사람에게 얽힌 일화, 속담, 고사성어 등
- **주변 상황 코멘트 기법** : 주변에서 일어나는 상황을 가볍게 언급하는 방법
- **청중 동원 기법** : "요즘 초등학생들을 보면 어떤 것을 느끼십니까?"

✓ **주제와 관련된 흥미 유발 후 자연스럽게 발표 주제 언급**

memo

▣ 발표자의 선의와 공신력 밝히기

✓ **발표의 목적이 발표자의 이익이 아닌 청중의 이익에 있음을 제시**
"이 상태에서는 우리 중 어느 누구도 행복할 수는 없습니다.
모두가 행복해지기 위해서 누군가는 이 문제를 짚고 넘어가야 합니다."

✓ **발표자가 발표 주제를 말할 만한 자격(전문성, 지식)이 있다는 것을 제시**
"얼마나 많은 관심을 가져왔는지"
"얼마나 오랜 시간 직접 겪고 연구해 왔는지"

memo

▣ 스피치 내용의 소개

청중의 관심을 유도하고, 자신의 지식과 선의를 강조했다면,
전개될 발표의 주된 내용을 요약하여 소개

짧은 발표 : 핵심명제를 밝히는 것으로 충분
긴 발표 : 핵심명제를 밝히고 발표 전체에 대한 예고

memo

▣ 결론의 기능과 기법

✓ **종료신호: 결론의 서두에 해당. 반드시 시행**
  본론 마친 후 한 템포 쉬고, "이제 준비한 내용을 모두 말씀 드렸습니다."

✓ **핵심 강조 : 핵심 내용을 요약 정리하고 주제문을 재차 강조**
  주의점 : 언급했던 내용만 요약하고 부연 설명은 피한다.

✓ **끝맺음 : 스피치 전체와 결론부를 동시에 끝맺는 역할**

memo

4장 과제 수행하기

■ 잘 알고 있는 주제를 선정한 후 대안 제시 아이디어에 맞춰 발표 개요서를 작성하세요.

내 발표를 듣는 사람들 :

내 발표를 듣는 사람들의 특징 :

발표 주제와 목적 :

<서론>

관심 유도 :

발표 주제 안내 :

발표 주제와 관련된 나의 공신력 :

발표와 관련된 나의 선의 :

발표 내용 안내 :

<본론>

주제가 지닌 현재의 문제점 :

문제의 심각성 :

심각함의 지속성 :

대안을 통한 문제의 해결가능성 :

대안의 실현가능성 :

대안의 부작용 :

부작용의 보완 :

<결론>

종료 신호 :

발표의 핵심 강조 :

끝맺음 :

4장 내용 정리

1. 과학적으로 검증된 방법을 따르는 것은 시행 착오를 줄여준다.
2. 스피치의 준비 과정은 내용의 대략적인 암기 과정을 포함한다.
3. 청중 분석의 중요성은 인간 행위의 선택성과 연관되어 생각할 수 있으며 인간 행위의 선택성은 선택적 참여, 선택적 인식, 선택적 저장 행위로 구분된다.
4. 스피치의 목적은 행위 자체가 아니기 때문에 청중의 욕구에 부합해야 한다.
5. 스피치의 가장 좋은 주제는 자신이 지식이나 경험이 많은 분야에 관한 것이다.
6. 발표의 목적은 정보 제공, 오락, 설득으로 구분될 수 있으나 가장 중점적인 목적에 집중해야 한다.
7. 주요 아이디어는 주제를 설명하게 위해 반드시 다루어야 하는 주요 소재를 의미한다.
8. 대안을 제시하는 주요 아이디어는 문제점, 심각성, 지속성, 해결 가능성, 실현 가능성, 부작용과 보완점이 있다.
9. 서론은 흥미를 끄는 도입과 주제 안내, 발표자의 선의와 공신력, 발표 내용의 안내로 구성된다.
10. 효과적인 결론은 종료신호, 핵심 강조, 끝맺음으로 구성된다.

5장
비언어적 요소가 발표에 미치는 영향

5장 비언어적 요소가 발표에 미치는 영향

■ 비언어의 하위 요소

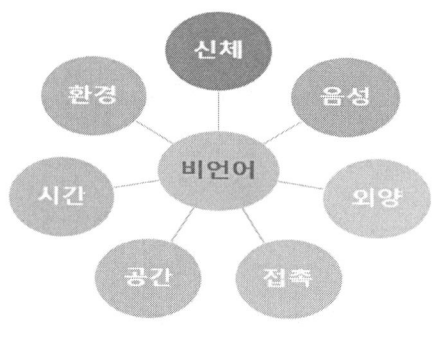

- ✓ 언어와 비언어가 일치하지 않을 때 우리의 선택은?
- ✓ 의사소통에서 언어가 차지하는 비중은 비언어에 비해 미약함
- ✓ 비언어 호감도, 통제 의도, 거짓 여부 판단의 중요한 열쇠

memo

■ 비언어의 하위 요소 : 신체 언어

✓ 몸짓
몸짓은 커뮤니케이션의 주체, 문화에 따라 다른 동작의 해석
호주 방문한 부시의 V, 남미 방문한 닉슨 OK

몸짓이 보내는 신호 해석

상체를 앞으로 구부린다 – 관심
눈살을 찌푸린다 - 불쾌함
미소를 지으며 고개를 끄덕인다 – 적극적 동의
방안을 둘러본다 - 흥미상실
손가락으로 테이블을 두드린다 – 초조함

memo

몸짓은 아이디어, 의도, 느낌 등을 전달하지만 몸짓을 발생된 상황을 고려할 필요가 있다. 상체를 구부리는 것이 관심의 표현일 수 있지만 춥기 때문에 몸을 웅크리기 위함일 수도 있다. 팔짱을 끼거나, 다리를 꼬는 행위 역시 일반적인 해석에 그치지 말고 전후 맥락을 파악해야 정확한 해석이 가능하다.

▣ 비언어의 하위 요소 : 신체 언어

- ✓ 시선
  - 어디를, 언제, 어떻게, 얼마나 보느냐의 문제
  - 대화에서 응시(눈맞춤)은 관심과 상대에 대한 집중의 의미
  - 일방적인 응시, 상호 응시, 응시 방향 바꾸기(복종, 반항, 배려)
  - 골고루 살피기, 한 사람과 멈추기(3~5초), 다른 사람으로 이동하기

memo

구성 : 한 번도 경험하지 못한 것을 상상함 / 회상 : 경험했던 것을 떠올림
내부 언어 : 마음 속에 어떤 것을 떠올리거나 혼잣말을 함(거짓말도 해당함)
(구성)신체 감각 : 경험하지 못한 맛, 냄새, 촉각 등을 상상함
심리학의 '눈동자 접근단서(eye accessing ques)'

▣ 비언어의 하위 요소 : 신체 언어

- ✓ 동선
  - 움직이는 것에 집중하는 본능. 고정형, 자리이동형, 청중일체형

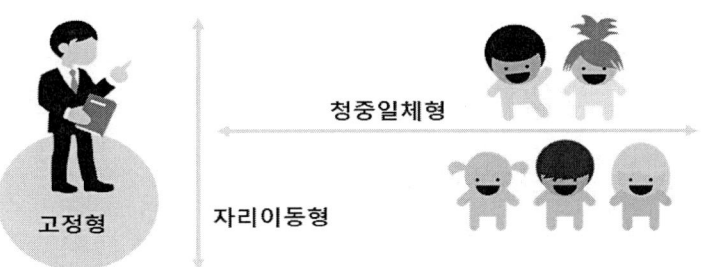

memo

▣ 비언어의 하위 요소 : 음성 언어

✓ 유사 언어(paralanguage)
- 음성의 높낮이, 속도, 강약, 발음, 발성, pause, 감정, 음색
- **1음~7음** : 속삭이는/ 일상적인/ 아나운서/ 스피치/ 쇼핑 호스트/ 대중 연설/ 고음
- **효과적인 pause** : 질문 후, 중요한 포인트 전후, 산만할 때, 새로운 주제
- **군말 없애기** : 의미 없는 말, 불필요한 부사어, 지저분한 의성어, 추측
- **Voice=투표권** : 목소리는 생각보다 많은 정보를 담고 있음(약 200여 가지)

memo

▣ 비언어의 하위 요소 : 외양

✓ 외모
- 이목구비의 배열이 아닌 인상의 개념
- 옷은 성격의 표현, 개성의 표현, 예의의 표현
- 한 벌의 의상을 갖춰 입는 행동 = 미적 감수성과 상상력
- 밝은 표정 = 내적 상태

✓ 냄새
- 감각 중에 가장 민감하고 빠른 반응.
- 고약한/역겨운/매스꺼운 냄새 조심

memo

▣ 비언어의 하위 요소 : 공간

- ✓ 친밀한 거리(intimate distance) : 45㎝ 이내의 거리. 매우 친밀한 관계
    - 상대의 존재가 확연히 느껴지고, 사랑, 싸움, 위로, 보호가 가능한 거리
- ✓ 개인적 거리(personal distance) : 45~120㎝ 내외. 접촉을 꺼리는 관계
    - 상대와 나 사이의 보호 영역 존재. 상대를 잡을 수 있고 시각적 왜곡 없는 거리
- ✓ 사회적 거리(social distance) : 120~360㎝ 내외. 지극히 사회적인 관계
    - 상대의 전체 윤곽 파악 가능, 상대와 닿지 않으며 하던 일을 계속 할 수 있는 거리
- ✓ 공적 거리(public distance) : 360㎝ 이상. 대인 커뮤니케이션이 불가능한 상황
    - 정상적인 의미 전달의 어려움. 모든 언·어비언어 단서들의 과정과 증폭

memo
1966년 에드워드 홀(Edward Hall)은 개인적 공간에 대한 개념을 발견하고 공간학(proxemics)을 창안했다.
홀은 인간의 공간에 대한 인식을 네 가지 영역으로 구분했으며 이러한 내용을 저서 『숨겨진 차원(The Hidden Dimension)』을 통해 자세히 소개했다.

▣ 비언어의 하위 요소 : 시간

- ✓ 시간
- 침묵은 말보다 웅변적이다!
- 하루 중 특정 의미를 갖는 시간. 9시, 12시, 18시, 22시 등
- 미국의 리드 타임(lead time)과 한국의 코리안 타임(korean time)
- 기다리는 사람보다 기다리게 하는 사람이 사회적으로 우위
- 주어진 발표 시간의 준수

memo

■ 비언어의 하위 요소 : 환경

- ✓ 환경
  - 오브제 언어(object language)의 중요성
  - 장신구의 사회적 의미(빨간 열매, 노란 리본, 위안부 팔찌)
  - 색깔은 감정의 발산. 색을 통한 의미 전달 가능

> 빨강 : 힘, 에너지, 생명력 ↔ 공포, 무절제한 욕망, 분노
> : 지혜, 이해심, 통찰력 ↔ 신경 자극, 정신적 초조감
> 초록 : 위로, 치료, 시원함 ↔ 이기심, 질투, 게으름
> 파랑 : 신성함, 진실, 진정, 희망 ↔ 우울
> 보라 : 번영, 부, 생산력 ↔ 속물근성, 허세, 속임수
> : 순결, 완벽함 ↔ 변심, 고통
> 검정 : 권위, 완벽 ↔ 생명력 부재, 범죄 성향

■ 발표의 실행

1. 대본 암송 : 암기 후 자연스럽게 발표. 엄청난 연습 필요
2. 대본 낭독 : 완성된 발표 원고 읽기. 의사 표명에 효과적
3. 즉흥적 실행 : 준비 시간이 없을 때. 발표 체계 결여 가능성
4. **개요서에 기초한 실행 : 개요서 작성 후 세부 표현은 상황에 따라 실행**

암송과 낭독은 반복해도 실력이 늘지 않음.
개요서에 의한 발표가 반복되면 노하우가 축적되어 발표력 향상

▣ 언어 스타일

언어 스타일 : 발표자가 준비한 것을 표현하는 방식

- ✓ **격식체(문어체)**
  - 서로 간의 권위를 존중하는 의도
  - 의미를 명사화 하는 경향. 명사가 동사보다 무거운 느낌
  "이 정부는 민족적 유혈 투쟁의 소산입니다."

- ✓ **친근체(구어체)**
  - 듣는 사람과 거리를 가까이 하고자 하는 의도
  - 쉽고 친근감을 주는 단어 사용. 속어 구사 가능

memo

언어 스타일은 지배적인 스타일과 사교적인 스타일로도 구분할 수 있다.
일반적으로 지배적인 스타일보다는 사교적인 스타일이 긍정적인 평판으로 나타난다고 보고된다.

▣ 주의해야 할 스타일

- ✓ **유치한 스타일** : 어린 아이 같은 말투. 발표자의 공신력 낮춤
  "저기요, 그거가요, ~요 "

- ✓ **조악한 스타일** : 세련미나 깊은 생각 없이 이것저것 주워 담는 느낌
  "개인은 다 존엄하다. 뭐 그런 거죠."

- ✓ **부자연스러운 스타일**
  - 웅변조 : 필요 이상의 큰소리로 말하고 문장의 끝부분에 힘을 주는 스타일
  - 설교조 : 단어의 첫 음절을 강하고 길게 발음하는 스타일
  - 낭독조 : 한 음절 한 음절 또박또박 발음하며 빠르게 진행하는 스타일
  - 구연조 : 단어 하나하나에 감정을 넣어 정감 있게 표현하는 스타일

memo

5장 과제 수행하기

■ 지난 시간 작성한 발표 개요서를 바탕으로 150초 분량의 완성된 발표 원고를 작성해 봅시다.

5장 내용 정리

1. 일반적으로 언어적 신호와 비언어적 신호가 일치하지 않을 때 비언어적 신호가 신뢰할 수 있는 신호로 인식된다.
2. 비언어적 신호는 신체, 음성, 외양, 접촉, 공간, 시간, 환경 등으로 구분된다.
3. 몸짓에 따라 다양한 해석이 가능하지만 몸짓이 발생된 맥락과 상황을 고려해야 한다.
4. 시선은 어디를 언제, 얼마나 보는지에 대해 다양하게 해석된다.
5. 발표 과정에서 발표자의 동선은 고정형, 좌우이동형, 청중접근형으로 구분된다.
6. 음성적 요인은 높낮이, 속도, 강약, 쉼, 감정 등의 조절을 통해 표현된다.
7. 외모는 인상의 개념이며 표정은 내적 상태의 표현이다.
8. 발표자와 청중의 거리도 비언어적 신호로 거리에 따라 다른 의미로 해석된다.
9. 주어진 시간을 준수하는 것은 매우 중요하다.
10. 색이 지닌 사회적 의미를 간과하지 말고 적극적으로 활용할 수 있다.
11. 개요서를 작성 후 대략적인 순서는 암기하고 세부적인 내용은 상황에 따라 실행하는 발표가 가장 자연스러운 발표이다.
12. 언어 스타일은 격식체와 친근체, 지배적 스타일과 사교적 스타일로 구분될 수 있는데 일반적으로 사교적인 스타일이 긍정적으로 평가된다.

6장
프레젠테이션

6장 프레젠테이션

■ 프레젠테이션 정의

Presentation :
자신의 의견, 아이디어, 경험, 노하우 등 제반 정보를
적합한 전달 매체를 활용하여 상대에게 전달하거나 설득하는 모든 행위

- ✓ 디지털 프레젠테이션 : 디지털 장비와 매체 활용
- ✓ 비주얼 프레젠테이션 : 시각화 강조
- ✓ 멀티미디어 프레젠테이션 : 동영상이나 소리, 도표, 사진 삽입
- ✓ 파워 포인트 프레젠테이션 : 슬라이드 자료 활용

memo
스피치가 자신의 생각을 전달하는 행위라면 프레젠테이션은 시각 보조자료를 활용해 생각을 전달하는 행위이다.
스피치 + 시각보조자료 = 프레젠테이션

■ 프레젠테이션 효용에 대한 논쟁

- ✓ 텍스트 중심으로 구성된 슬라이드
- ✓ 내용과 상관 없는 이미지와 애니메이션
- ✓ 전달 내용의 지나친 단순화
  → 소리 전달보다 나쁜 결과 혹은 효과 차이 없음

- 기억력 향상
- 자료 이해도 상승
- 성적 향상

- 집중 분산
- 분석적 듣기 방해
- 제작 시간 투자

memo
시각 보조 자료를 활용하는 것이 적절한지 판단 후에 시행

■ 프레젠테이션 효용에 대한 논쟁

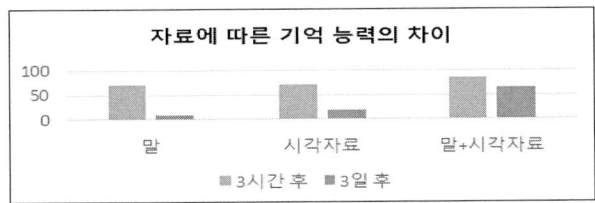

- ✓ 이미지 + 말 + 글 < 이미지 + 글 < 이미지 + 말
- ✓ 시각 자료 + 말 + 문장 < 시각 자료 + 문장 < 시각 자료 + 말
- ✓ 그림 + 소리 + 글 동시 인식 가능 → 종종 글 무시, 그림과 소리 중심 인식

■ 프레젠테이션의 핵심

내용
- 무엇을 말하는가
- 기획의도와 세부 내용
- 영화의 줄거리에 해당

전달 기술
- 어떻게 말하는가
- 매체 선택과 시각화
- 영화의 영상미에 해당

발표 태도
- 누가 말하는가
- 이미지와 신뢰감
- 배우의 연기에 해당

■ 프레젠테이션의 준비 과정

- **구상**: 전체 방향 설정, 자료 수집, 목차 설정(논리 구조화)
- **준비**: 전달 매체 선정, 자료 작성, 시각 자료 보완
- **시행**: 서론, 본론, 결론, 질의 응답의 형태로 진행
- **수정**: 청중 피드백, 자체 평가 등을 통해 개선

memo
추상적인 개념에서 구체적인 실행 방향으로 제시
혼자 시작하지만 청중의 호응을 살피며 쌍방향으로 진행

■ 효과적인 목표 개발

✓ **시작-끝, 사고-행동 매트릭스의 작성**
 - 태도와 행동의 변화를 예측
 - 태도와 행동을 바꾸지 못하는 무의미한 프레젠테이션 방지

	시작(from)	끝(to)
사고 (think)	청중은 지금 무엇을 생각하고 있나?	청중은 프레젠테이션이 끝난 후 무엇을 생각해야 하나?
행동 (do)	청중이 지금 하고 있거나 하고 있지 않은 것은 무엇인가?	청중은 프레젠테이션이 끝난 후 시작하거나, 중단해야 하는 것은 무엇인가?

memo

■ 프레젠테이션 유형

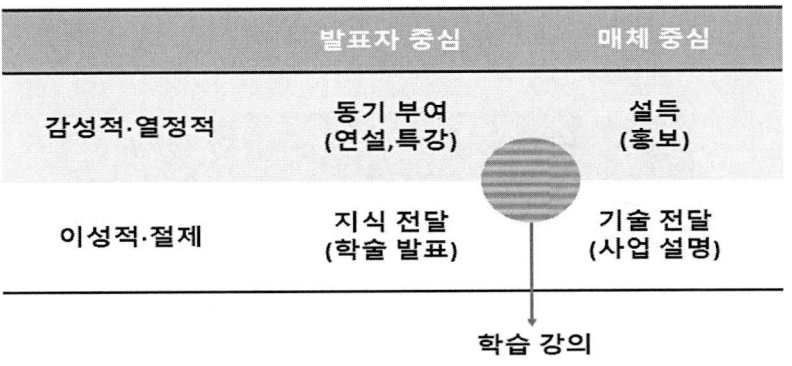

memo
오직 이성적이면 : 최소한의 정보로 판단하고 싶어하는 '인지적 구두쇠' 성향으로 인해 비효과적
오직 감성적이면 : 객관적인 사실을 알고자 하는 성향으로 인해 비효율적

■ 프레젠터의 유형

- ✓ 도피자(avoider) 청중 앞에 설 기회를 피하기 위해 무슨 일이든 하는 유형
- ✓ 저항자(resister) 다른 사람들 앞에서 말할 때 공포를 느끼는 유형
- ✓ 수용자(accepter) 남들 앞에 서는 일을 그다지 즐겨 하지는 않는 유형
- ✓ 탐색자(seeker) 남들 앞에서 말할 기회를 찾는 유형

memo

◪ 다양한 청중의 심리

Memo.
누구를 우선 순위에 두고 프레젠테이션을 진행할 것인가?
권한과 관심이 큰 사람 > 관심은 적지만 권한이 큰 사람 > 관심은 크지만 권한이 적은 사람 > 권한과 관심이 모두 적은 사람

◪ 메시지의 구조화

✓ 사고 방지를 위해 도로 구조를 개선하듯
  핵심 메시지 전달 구조의 설계는 프레젠테이션 사고를 방지

논증의 기본 틀 이해

- 논증 = 주장 + 근거 + 증거(핵심 메시지 + 이유 + 사실 자료)

발표 커뮤니케이션의 성격 이해

- 문서 커뮤니케이션 정보 처리 주도권과 통제권 → 독자
- 발표 커뮤니케이션 정보 처리 주도권과 통제권 → 발표자
  • 내용 안내, 반복 전달, 내용 요약 시행

Memo.

▣ 메시지의 구조화

✓ 그 밖에 메시지 구성 패턴

의사결정 패턴	비즈니스 패턴	일반적 패턴
문제 규정 및 제한 해결책의 평가 기준 설정 가능한 해결책 확인 기준에 의한 해결책 평가 최적의 해결책 선택 실행 방안 논의	계획의 목적과 상황 제시 필요성과 문제점 제시 문제에 대한 해결책 제시 해결책의 정당성 제시 예상되는 반론 제시 요약 강조 및 결정 요구	주의 집중 및 동기 유발 목표 설정 문제점 제시 해결책 제시 해결책의 근거 제시 요약 및 해결책의 효과 언급

패턴은 논리적 구성에 도움이 되지만 얽매이면 상투적인 느낌
초반에 패턴을 적용하고 익숙해지면 창의적 전개 개발

▣ 슬라이드 구성 방식

✓ **기본 양식**
 - 제공되는 기본 양식 사용
 - 작성 시간 절약
 - 핵심 강조 유의

✓ **게리 레이놀즈 방식**
 - 프레젠테이션 권위자의 방식
 - 메시지와 관련된 사진 + 핵심 메시지
 - 핵심 파악 용이

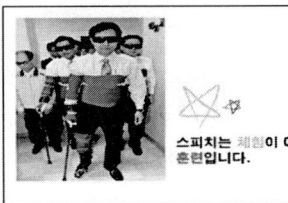

▣ 슬라이드 구성 방식

✓ **레식 방식**
- 스탠퍼드대 법학자 레식의 방식
- 검은 바탕에 간결한 핵심 메시지
- 풍부한 상상력 자극

✓ **듀아르테 방식**
- 디자이너 듀아르테의 방식
- 상단에 헤드라인 + 직관적인 데이터 도식화
- 비즈니스 프레젠테이션 권장

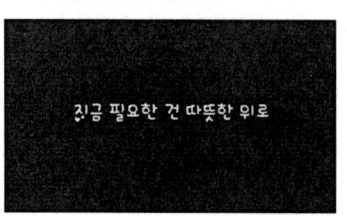
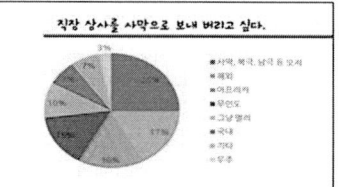

memo

▣ 시각화의 원리

✓ **컬러화** : 적절한 색감 부여
✓ **이미지화** : 도표, 사진, 도해 삽입
✓ **레이아웃*화** : 화면 구성, 텍스트 배치
✓ **멀티미디어화** : 슬라이드에 입체적 효과

*Layout : 시각적 효과를 고려하여 사진·그림·글자 등을 구성하는 일

memo

▣ 시각화의 원리 : 컬러화

- ✓ 너무 많지 않은 색
- ✓ 청중이 원하는 색
- ✓ 메시지의 내용에 부합하는 색
- ✓ 장비가 구현할 수 있는 색

memo

▣ 시각화의 원리 : 이미지 배색

출처 : 하루요시 나구모(2002). 배색 이미지 차트, 조형사

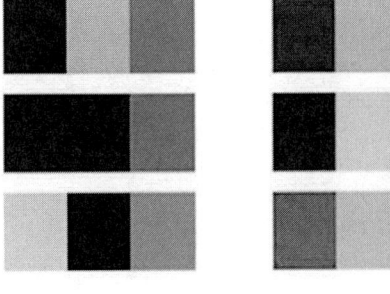

클래식 이미지
보수적이고 중후한 느낌
전통과 윤리의 존중
풍요로움의 추구

memo

■ 시각화의 원리 : 이미지 배색

출처 : 하루요시 나구모(2002). 배색 이미지 차트, 조형사

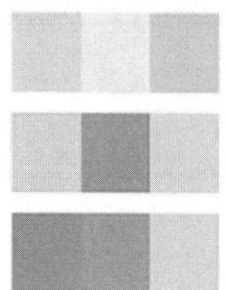
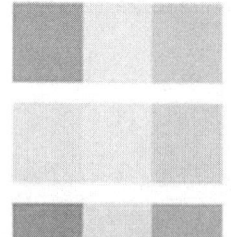

내추럴 이미지
천연의 자연스러운 느낌
포근하고 온화함
순수한 아름다움

memo

■ 시각화의 원리 : 이미지화

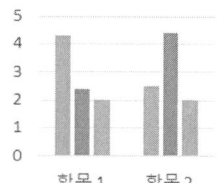
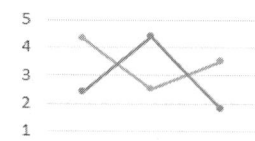
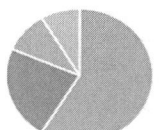

막대 그래프
범주 별 빈도
학과별 참여 인원

꺾은선 그래프
시간에 따른 추이
지지도 변화율

원 그래프
전체에 대한 비율
시장 점유율

memo

◼ 도해* 패턴의 적용 *글의 내용을 그림으로 풀이함

계층 구조 목록형
상위 내용과 하위 내용의 구분
문학과 비문학

그림 강조 목록형
그림을 중심으로 하위 내용 그룹화
과일의 효능

memo

◼ 도해 패턴의 적용

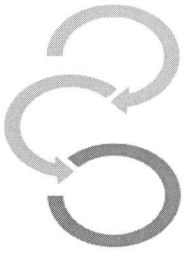

원형 화살표 프로세스형
적은 양의 정보 흐름을 제시
행사 순서 안내

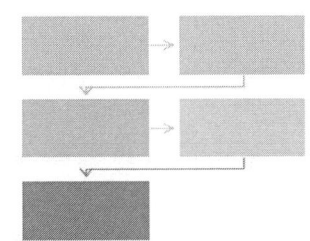

사각 흐름 프로세스형
일의 순서를 가장 효율적으로 전달
여행 방문지 일정

memo

■ 도해 패턴의 적용

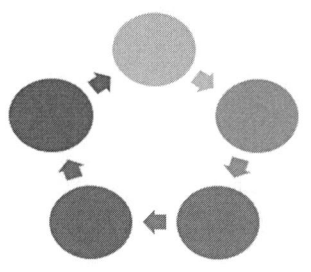 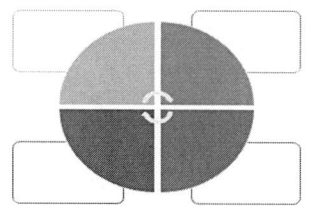

기본 주기형
핵심 내용만 순차적으로 전달
개강-중간-기말-종강-방학

주기 행렬형
순서와 함께 세부적인 내용도 함께 전달
주기 별 세부 내용 안내

memo

■ 비교 유형에 따른 그래프 사용

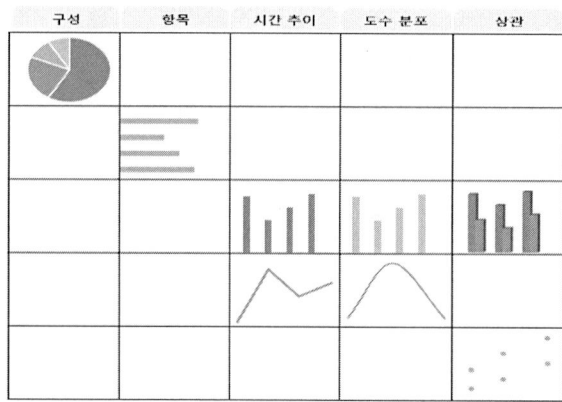

memo

내용 출처 : Gene Zelazny(2001). Say It with Chart. 김한영 역(2001). 최고의 실무자가 되려면 차트로 말하라. 씨앗을 뿌리는 사람.

■ 위의 비교 유형을 참고하여 그래프를 작성해 봅시다.

시간 추이: 향후 10년간 판매 증가가 예상된다.	항목: 지난 달 6개 부서의 이직률은 거의 비슷했다.
상관성: 근무 연한은 공헌도와 무관하다.	분포: 대다수 직원이 연간 3천에서 4천만원을 번다.
시간 추이: 회사의 수익률이 현재 하락하고 있다.	구성: 총자금 중 가장 큰 부분이 생산에 할당되고 있다.
상관성: 수익성과 CEO의 연봉은 관계가 있다.	항목: 두 공장의 수익은 나머지 여섯 곳을 크게 앞질렀다.

내용 출처 : Gene Zelazny(2001). Say It with Chart. 김한영 역(2001). 최고의 실무자가 되려면 차트로 말하라. 씨앗을 뿌리는 사람.

■ 시각화의 원리 : 레이아웃화
- ✓ 슬라이드 한 장의 균형과 시선의 이동 순서 고려
- ✓ 한 줄에 30글자 미만
- ✓ 한 장의 슬라이드에 5~11줄 배치, 복잡한 서체 지양
- ✓ 특별히 강조하고 싶은 내용은 굵은 서체

큰 제목은 글자 포인트 32
중간 제목은 글자 포인트 24가 적절합니다.
세부 제목은 글자 포인트 18이 괜찮습니다.

memo

■ 슬라이드 가독성 높이기
- ✓ **CRAP 원리의 적용**
  - 대조(Contract), 반복(Repetition), 정렬(Alignment), 근접(Proximity)
  - 메시지의 왜곡 없이 핵심을 한눈에 파악하기 위한 구성

- 대조 : 디자인 요소를 구별되게 구성
- 반복 : 디자인 요소를 반복해서 구성
- 정렬 : 디자인 요소를 수직과 수평으로 줄지어서 구성
- 근접 : 디자인 요소를 유사한 속성끼리 근접해서 구성

*디자인 요소 : 선, 모양, 색상, 크기, 공간, 서체 등

memo

▣ 슬라이드 가독성 높이기

- ✓ 대조 : 헤드라인과 중간 제목 구별
  중간 제목과 본문의 글자 크기 구별
  상단의 그림을 내용과 관련하여 구별
- ✓ 반복 : 그림 나열 반복
  텍스트 상자 배치와 모양 반복
  텍스트 상자 구성 반복
- ✓ 정렬 : 수직과 수평 공간 간격 맞춤
- ✓ 근접 : 하나의 개념을 하나의 텍스트 상자에 구성

memo

▣ 시각화의 원리 : 멀티미디어화

- ✓ 적절한 애니메이션의 활용은 시선 집중 효과
- ✓ 감추었다가 보여주는 내용, 문제의 답, 순차적 흐름에 적절
- ✓ 부자연스러움, 산만함, 부적절함 주의
- ✓ 하이퍼링크 , 동영상, 소리, 플래시 등 사용

memo
장면 전환 애니메이션 사용은 특별한 효과 없거나 역효과 발생
메시지로 전달할 수 있는 내용의 동영상 전달은 신뢰감 하락
내용과 상관없는 애니메이션은 집중력 분산

6장 과제 수행하기

■ 발표 내용을 돋보이게 할 시각 보조 자료를 구성해 봅시다.

6장 내용 정리

1. 프레젠테이션은 자신의 생각과 의도를 적합한 매체를 활동하여 전달하는 행위이다.
2. 프레젠테이션의 시행은 전달 내용을 지나치게 단순화한다는 효용 논란이 있다.
3. 시각 자료와 말을 함께 제시하는 것은 시각 자료와 글을 함께 제시하는 것보다 효과적이다.
4. 프레젠테이션의 핵심은 '어떤 내용을, 어떤 방법으로, 누가 말하는가'이다.
5. 프레젠테이션은 내용을 구상하고, 자료를 준비하며, 발표를 시행하고, 피드백을 통해 개선하는 과정을 거친다.
6. 프레젠테이션의 목표 개발은 종료 후에 생각과 행동이 어떻게 바뀌어야 하는지를 설정하는 것이다.
7. 프레젠테이션은 감정과 이성, 발표자와 매체에 따라 유형이 구분된다.
8. 앞 줄의 참여자와 권한과 관심이 큰 사람을 우선 순위에 두고 발표를 진행한다.
9. 발표자가 주도권을 갖는 프레젠테이션의 특성을 살펴 내용 안내, 반복 전달, 내용 요약을 시행한다.
10. 전달하고자 하는 메시지의 특성에 따라 구성 패턴을 적용할 수 있다.
11. 슬라이드의 구성 방식은 기본 양식 적용 방식, 게리 레이놀즈 방식, 레식 방식, 듀아르테 방식 등으로 구분되며 목적에 따라 적절히 사용할 수 있다.
12. 슬라이드의 구성은 컬러화, 이미지화, 레이아웃화, 멀티미디어화를 적용할 수 있다.
13. 도해 패턴의 적용은 복잡한 내용의 전달을 쉽고 정확하게 할 수 있다.
14. 슬라이드의 가독성을 높이기 위해서는 대조, 반복, 정렬, 근접의 방식을 적용할 수 있다.
15. 내용과 관련 없는 애니메이션의 사용은 신뢰감을 하락시킬 수 있다.

7장
스피치의 실행

7장 스피치의 실행

■ 준비한 원고를 바탕으로 '개요서에 기초한 스피치'를 실행해 봅시다.

■ 자신을 제외한 다른 발표자의 발표를 평가 기준에 따라 평가한 후 제출해 주세요.

스피치 평가표(학생용)

평가자 :　　　　　　　　　　　　　　　　　　　탁월 : 3　잘함 : 2　미흡 : 1　평가 불가 : 0

발표자			1	2	3	4	5	6	7	8	9	10	11	12	13
내용	서론	관심유도, 주제 안내													
		공신력과 선의 설정 내용 안내													
	본론	문제점 심각성, 지속성													
		해결과 실행 가능성 부작용과 보완													
	결론	종료 신호 핵심 강조, 끝맺음													
비언어		제스처, 자세, 시선													
		발음, 발성, 크기, 속도													
		표정, 복장													
		실행 스타일													

8장
집단 의사 결정 방법

8장 집단의 의사 결정 방법

◘ 토론의 어려움

✓ **토론하면 떠오르는 것?**
- 고집 부리는 사람들의 말다툼, 지루함, 이기적인 태도

✓ **토론은 왜 어려울까?**
- 인정이 많아서 따지고 들기가 어렵다?
- 위계 질서, 서열 의식이 강해서 동등한 입장이 되기 어렵다?
- 주입식 교육을 주로 받아서 생각을 말하는 것이 어렵다?
- 합리적인 의사결정 문화가 낯설어 어렵다?
- 겸손함이 미덕인 사회에서 잘난 척하는 것 같아 어렵다?

memo

◘ 이제는 토론할 시간

인격적인 호소로도,
감정적인 호소로도 안된다면
이제는 말해야 할 때입니다.

"말빨"을 세우는 것이 아니라
논리적인 구조와 정확한 자료로
상대에 대한 설득을 시작하는 것

토론은 높은 수준의 의사결정 방법

memo

◉ 의사 결정의 역사

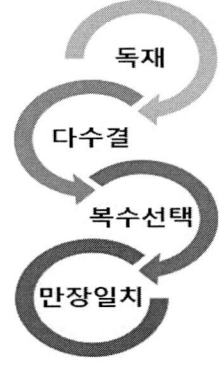

- **독재**
  - 리더가 결정하고 다수의 사람이 따르는 방식
  - 왕이 지배하던 시대 대표적인 결정 방식
- **다수결**
  - 민주주의 사회의 대표적 의사결정 방식
  - 구성원 모두가 지혜롭거나 도덕적일 때 효과적
- **복수선택**
  - 복수를 좋아하는 만큼 의사 표현
  - 개인의 의견이 잘 반영되는 결과
- **만장일치**
  - 모두가 합의한 단일안을 만드는 것
  - 합의 과정에서 많은 토의와 토론 필요

memo

만장일치 : 사전 협상 등 많은 시간 필요. 어떤 결의도 채택하지 못할 가능성
국제기구의 비절차 사항은 원칙적으로 만장일치 채택
   논의 : 기권이나 결석은 반대표로 해석되는가? 분쟁 당사국은 표결에서 제외해야 하는가?

◉ 의사결정에서 토론의 위치

```
                    의사결정
                   /        \
            의견 불일치      의견 일치
            /      \            |
          설득    이익 조정    해결 모색
           |        |            |
          토론     협상          토의
```

memo

▣ 토의와 토론

- 토의 : 어떤 문제를 검토하거나 협의하는 일
- 토론 : 어떤 문제에 대해 여러 사람이 각각 의견을 말하며 논의하는 일
- 논쟁 : 대립되는 상대에게 적극적인 공격으로 주장하는 일

토의	토론	논쟁
의견 교환, 최선의 방법	자기 주장, 설득	자기 주장, 비판
상호 협동적	상호 대립적	상호 대립적
의견 교환의 과정	주장-반박, 질의-응답	주장-반박
대체적인 형식	엄격한 형식	무규칙

memo

▣ 집단 의사 결정

장 점	단 점
개인 의견의 사회화 · 공론화 주제에 대한 환기 다수의 의견을 수렴한 문제 해결	다수의 횡포 · 침묵 발표자 중심의 진행 *집단사고의 오류

*집단 사고 : 의사 결정 과정에서 발생하는 집단 착각 현상
응집력이 높은 소규모 의사결정 집단에서 대안의 분석 및
이의 제기를 억제하고 합의를 쉽게 이루려고 하는 심리적 경향

memo

■ 질적 의사 결정

✓ 명목 집단법(nominal group technique)
- 집단 구성원 의사결정과정에서 제약 없이 독립적으로 의견을 밝힘.
- 명목상은 집단의 의견이나 실제는 개별 구성 의사의 합임.

*진행 방법
- 집단의 안건에 대해 토의 없이 각자의 안 준비
- 순서에 따라 각자의 안 발표하고 발표된 안은 모두 기록
- 각 안은 명확히 이해되기 위해 필요한 경우 질의응답 시행
- 모든 안에 대해 비밀투표로 순위 결정

*특징
- 지위, 교육 정도 등에 영향 받지 않고 구성원의 독립적 사고 존중
- 침묵을 유지함으로써 해결 방법에 대한 몰입도가 높음
- 의사결정이 시작되기 전에 서로의 생각을 공유하지 않음

■ 질적 의사 결정

효과적인 순간 : 토의의 끝에서 의견을 결정할 때
소수의 의견이 전체를 지배하는 경향이 있을 때
공개 토의가 곤란할 때

	A	B	C	D	E	F	점수
의견1		1		2		2	5
의견2	3		3	1	3	1	11
의견3		3	1		2		6
의견4	2	2			1		5
의견5	1			3		3	7
의견6			2				2

가장 높은 점수인 의견2가 집단의 의사로 결정됨

■ 질적 의사 결정

✓ 시나리오(scenario) 토의
   - 제시된 가이드라인에 따라 의견을 수렴해 나감.
   - 논의된 내용을 체계적으로 검토하고 정리하기에 적합.

*진행 순서

문제점 발굴 → 해결 방안 탐색 → 장애 요인 검토 → 실행 가능 지침 발표

* 특징
   - 논의된 안에 대해 비판적으로 검토 가능
   - 다양한 의견의 수렴

memo

■ 토론 능력은?

 읽고, 쓰고, 말하고, 자료 조사하고, 분석하는 능력

 의견 불일치의 대립 상황을 극복하는 능력

 다양한 관점을 취합하여 더 나은 해결책을 찾는 능력

 제대로 듣고 이해하며 판단하는 능력

memo

8장 과제 수행하기

■ 조를 구성한 후 안건을 정해 명목 집단법으로 토의를 진행해 봅시다.

주의 사항 :
1. 안건에 대한 개인의 의견을 사전에 공개하지 않는다.
2. 어떤 의견이라도 발표 중에는 평가하지 않는다.
3. 중복된 의견이 없도록 질문을 통해 발표자의 의견을 명확히 정리한다.

의견 발표를 어렵게 하는 요인이 있었나요?
_____

제시된 의견의 양과 질이 만족할 만한 수준인가요?
_____

최종 결정된 의견에 어느 정도로 동의하나요?
_____

명목집단 토의 후 느낀 점은 무엇인가요?
_____

■ 최종적으로 선택된 의견에 대해 시나리오 토의를 통해 실행 가능한 방안을 마련해 봅시다.

문제점 발굴	해결 방안 탐색	장애 요인 검토	실행 가능 지침 발표

의견 발표를 어렵게 하는 요인이 있었나요?
_____

하나의 목표에 집중해서 의견을 내는 방식은 순조로웠나요?
_____

최종 결정된 의견에 어느 정도로 동의하나요?
_____

시나리오 토의 후 느낀 점은 무엇인가요?
_____

8장 내용 정리

1. 토론은 논리적인 구조와 정확한 자료를 통해 상대를 설득하는 의사소통 방법이다.
2. 의사 결정의 역사는 독재→ 다수결→ 복수선택→ 만장일치의 과정으로 발전되었다.
3. 토의는 협의 과정, 토론은 논의 과정, 논쟁은 공격 과정으로 이해할 수 있다.
4. 집단 의사 결정은 다수의 의견을 수렴하여 문제를 해결한다는 장점을 있는 반면 집단 사고의 오류에 빠질 수 있는 단점을 지닌다.
5. 질적 의사 결정 방법으로의 명목집단법은 명목상 집단 의견의 협의처럼 보이나 개별적 의사 표현의 합을 통해 집단의 최종 의견을 결정하는 방식이다.
6. 시나리오 토의는 안건의 체계적 논의를 통해 실현 가능한 방안을 탐색하는 과정이다.

9장
토론의 기본 원칙

9장 토론의 기본 원칙

▣ 토론의 규칙

입장을 밝히지 않는 것 = 암묵적 동의
별다른 문제의식을 느끼지 않는 것 = 현재 상황에 찬성
불만을 적극적으로 말하지 않으면 동의하는 것으로 보는 것, 추정의 원칙

"그렇다면, 누가 먼저 말하는가?"

목 마른 자가 먼저 우물을 파듯이
만족스러운 자는 말이 없고,
불만이 있는 자는 먼저 변화를 주장한다.

현실 불만족파(진보) vs 현실만족파(보수)

memo

▣ 먼저 말하는 자, 입증의 의무

먼저 말하는 자, 입증의 의무를 견뎌라!

만족하고 있는 사람들도 있는 상황에서 변화를 말하려면
변화의 타당성, 기존 방식의 문제점, 해결 가능성을 입증해야 한다.

어설픈 변화, 상황을 악화시키는 변화
문제를 확실하게 개선할 대안이 아니라면
변화의 주장은 항상 위험 부담을 지님

그렇다면 토론에서 먼저 발언하는 찬성 측의 정체는?

memo
그렇다면 토론에서 먼저 말하는 찬성 측은 우리 사회에 어떤 집단이 있을까?

▣ 나중 말하는 자, 반증의 의무

문제가 없는데 문제라고 말하네? 듣고만 있을 것인가?
나중 말하는 자, 반증의 의무를 통해 자신을 지켜라.

> 그런 건 문제가 되지 않아.
> 작은 문제이긴 하지만 심각하진 않아.
> 인정하지만 해결할 수 없어.
> 너희들 해결책의 부작용이 더 심각해.

그렇다면 토론에서 나중에 발언하는 반대 측의 정체는?

memo
그렇다면 토론에서 나중에 말하는 반대 측은 우리 사회에 어떤 집단이 있을까?

▣ 자리 배치의 유래

찬성	반대

심사위원, 청중

1789년 프랑스 혁명기 국민의회, 의사 결정자인 의장을 중심으로 오른쪽에 보수파인 왕당파, 왼쪽에 개혁파인 공화파가 착석

현재 심사위원과 청중을 중심으로
왼쪽에 변화 찬성(진보, 좌파), 오른쪽에 변화 반대(보수, 우파)

▣ 평등과 존중의 윤리

- ✓ '말빨' 쎈 사람만 발언하지 않고 공정한 발언 순서와 발언 시간 갖는다.
- ✓ 당연히 이기고 싶겠지만 끝까지 정중한 태도와 표현을 유지한다.
- ✓ 내용을 무시하거나, 신상에 대한 모욕을 하지 않는다.
- ✓ 모두가 알아 들을 수 있는 적절한 전달 수준으로 말한다.
- ✓ 주어진 발언 형식과 시간을 정확하게 지킨다.

memo
_____
_____
_____
_____

9장 과제 수행하기

▣ 입증과 반증의 의무에 대해 다시 살펴보고, 자신이 이해한 내용을 정리해서 발표해 봅시다.

입증의 의무	반증의 의무

9장 내용 정리

1. 토론의 기본 전제는 불만을 말하지 않으면 현재 상황에 암묵적으로 동의하는 것으로 보는 추정의 원칙이다.
2. 현재 상황에 불만이 있어 변화를 주장하고자 먼저 말하는 사람들은 변화의 타당성과 기존 방식의 문제점, 주장하는 방식으로 문제를 해결할 수 있다는 가능성을 밝히는 입증의 의무를 갖는다.
3. 변화는 아직 시행하기 이전이므로 불완전한 주장일 수 있으며 위험 부담을 갖는다.
4. 변화에 동의하지 않는 자들은 변화가 타당하지 않다는 것을 밝히는 반증의 의무를 갖는다.

10장
논제의 3가지 형식

10장 논제의 3가지 형식

■ 토론의 논제

✓ 논제 : 토론에서 다뤄지는 주제
  찬성이 입장이 반영된(현재 상태의 변화를 바라는) 하나의 문장
  사실 논제, 가치 논제, 정책 논제로 구분

✓ 사실 논제 : **어떤 일이 실제로 일어났다, 일어나지 않았다.**
  과학적 사실, 역사적 사실, 범죄 성립 여부 등 전문적 분야

✓ 사실 논제의 주요 쟁점
  1. 추측의 상태 : 그 일이 일어났느냐, 일어나지 않았느냐?
  2. 정의의 상태 : 그렇게 정의되는 것이 적절한 것이냐?
  3. 정도의 상태 : 사실은 인정하지만 정도에 따라 다른 것 아니냐?
  4. 절차의 상태 : 과정과 절차가 적절하지 않은 것 아니냐?

memo

■ 사실 논제

사실논제 : 클린턴 대통령과 백악관 인턴 르윈스키의 불륜은 사실이다.

✓ 사실 논제의 주요 쟁점
  1. 추측의 상태 : 그 일이 일어났느냐, 일어나지 않았느냐?
  2. 정의의 상태 : 그렇게 정의되는 것이 적절한 것이냐?
  3. 정도의 상태 : 사실은 인정하지만 정도에 따라 다른 것 아니냐?
  4. 절차의 상태 : 과정과 절차가 적절하지 않은 것 아니냐?

memo

▣ 가치 논제

✓ 가치 논제 : 좋은가, 나쁜가?, 가치가 있는가, 없는가?
　　　　　　 옳고 그름에 대한 타협이 어려운 현실적 문제

✓ **가치 논제의 주요 쟁점**
　1. 용어 정의의 적절성 : 적절한 개념으로 제시하고 있는가?
　2. 우선 순위의 적절성 : 더 나은 가치라고 주장하는 것이 타당한가?
　3. 판단 기준의 적절성 : 더 나은 가치라고 판단하는 기준이 타당한가?

memo

▣ 가치 논제

가치 논제 : 올림픽 메달리스트보다 BTS가 낫다.

✓ **가치 논제의 주요 쟁점**
　1. 용어 정의의 적절성 : 적절한 개념으로 제시하고 있는가?
　2. 우선 순위의 적절성 : 더 나은 가치라고 주장하는 것이 타당한가?
　3. 판단 기준의 적절성 : 더 나은 가치라고 판단하는 기준이 타당한가?

memo

▣ 정책 논제

✓ 정책 논제 : 실천 방안에 대한 판단
　　　　　　 이미 실행되고 있는 정책의 개선을 제안
　　　　　　 없는 정책의 도입을 제안, 있는 정책의 개선이나 폐지를 제안

✓ **정책 논제의 주요 쟁점**
　1. 용어 정의의 적절성 : 적절한 개념으로 제시하고 있는가?
　2. 문제의 심각성 : 문제가 확실하게 존재하며 심각한 상황인가?
　3. 지속성 : 조치를 취하지 않으면 지속적으로 문제가 되는가?
　4. 실행 가능성 : 실행 가능한 조건들이 갖춰져 있는가?
　5. 해결 가능성 : 정책을 실행하면 문제가 해결되는가?
　6. 이익과 부작용 : 정책의 실행으로 이익이 큰가, 부작용이 큰가?

memo

▣ 정책 논제

정책 논제 : 정시 비중을 확대해야 한다.

✓ **정책 논제의 주요 쟁점**
　1. 용어 정의의 적절성 : 적절한 개념으로 제시하고 있는가?
　2. 문제의 심각성 : 문제가 확실하게 존재하며 심각한 상황인가?
　3. 지속성 : 조치를 취하지 않으면 지속적으로 문제가 되는가?
　4. 실행 가능성 : 실행 가능한 조건들이 갖춰져 있는가?
　5. 해결 가능성 : 정책을 실행하면 문제가 해결되는가?
　6. 이익과 부작용 : 정책의 실행으로 이익이 큰가, 부작용이 큰가?

memo

10장 과제 수행하기

■ 논제의 3가지 형식에 대한 정의를 제시하고 각각 하나씩 사례를 만들어 봅시다.

사실 논제 정의 :

사실 논제 사례 :

가치 논제 정의 :

가치 논제 사례 :

정책 논제 정의 :

정책 논제 사례 :

10장 내용 정리

1. 토론의 논제는 토론에서 다뤄지는 주제를 말하며 변화를 바라는 찬성 측의 입장이 반영된 문장의 형식을 지닌다.
2. 토론의 논제는 사실 논제, 가치 논제, 정책 논제로 구분된다.
3. 사실 논제는 어떤 일이 실제로 일어났는지, 일어나지 않았는지에 대한 내용을 다룬다.
4. 사실 논제의 주요 쟁점은 추측의 상태, 정의의 상태, 정도의 상태, 절차의 상태 등이 있다.
5. 가치 논제는 어떠한 가치가 옳고 그른지, 가치가 있는지 없는지에 대한 내용을 다룬다.
6. 가치 논제는 용어 정의의 적절성, 우선 순위의 적절성, 판단 기준의 적절성 등을 주요 쟁점으로 다룬다.
7. 정책 논제는 실천 방안의 적절성에 대한 내용을 다룬다.
8. 정책 논제의 주요 쟁점은 용어 정의의 적절성, 문제의 심각성, 지속성, 실행 가능성, 해결 가능성, 이익과 부작용 등이 있다.

11장
토론의 핵심 과정

II장 토론의 핵심 과정

◼ 토론의 핵심 요소

✓ 어떻게 조합하는지에 따라 다양한 방식의 토론 가능

memo

◼ 토론의 핵심 요소 변형1

✓ 교차조사 토론 형식(CEDA, Cross Examination Debate Association)

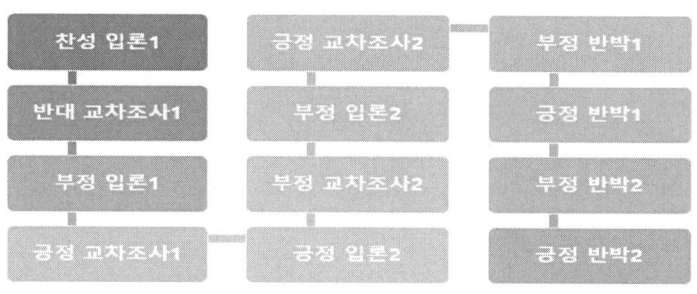

memo

▣ 토론의 핵심 요소 변형2

✓ 의회식 토론 형식(Parliamentary Debate)

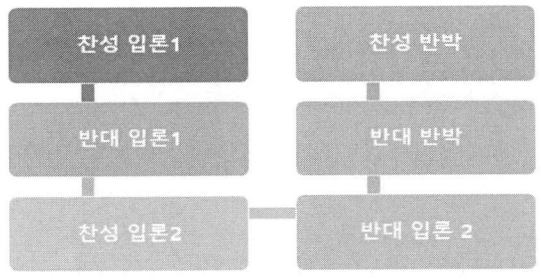

▣ 찬성 입론

✓ 토론의 논제에 대한 자신의 입장을 펼치는 것
✓ 전체 토론에서 상대 측과 논하고 싶은 내용의 범위 제시

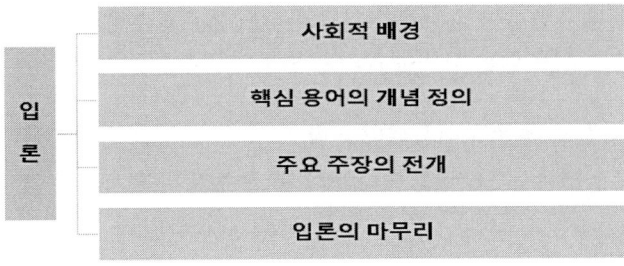

◩ 찬성 입론의 사회적 배경

사회적 배경 : 토론의 가치에 대한 설명.
　　　　　　　논제의 맥락에 대한 소개. 논제에 대한 관심 유도

논제 : 연예뉴스 댓글을 폐지해야 한다.

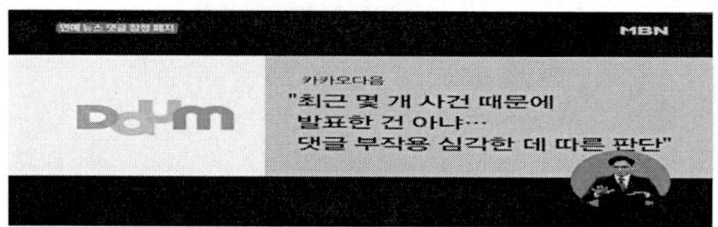

◩ 찬성 입론의 용어 정의

핵심 용어의 개념 정의 :
- ✓ 논제의 핵심 개념을 분명히 정의하여 주장의 범주를 설정
- ✓ 개념에 대한 서로 다른 정의는 각자의 범주에서 주장을 하는 것임

> <u>논제 : 연예뉴스 댓글을 폐지해야 한다.</u>
> '연예 뉴스', '댓글', '폐지해야 한다'의 의미를 정확히 제시해야 함

▣ 용어정의에 따른 논제의 변화

개념 : 연예뉴스

정의 : 연예인이 등장하는 디지털화된 모든 뉴스

논제 해석 : 연예인이 등장하는 모든 뉴스에 대한 댓글 작성 폐지

개념 : 연예뉴스

정의 : 연예면에 게시되는 디지털화된 모든 뉴스

논제 해석 : 연예면에 게시되는 모든 기사에 대한 댓글 작성 폐지

memo

▣ 논제의 재정의에 대해

고등학생도
고등학교에 다니는 학생
17~19세 사이의 남녀
만18세 이상의 남녀
해당 나이 중 자신이 원하는 자

정치 참여할 수 있다.
투표권 부여
정당 창당, 정당 활동
각종 선거 입후보자 등록
시민단체 활동

➔ 논제의 재정의
" 저는 한국에 거주하는 17세에서 19세의 남녀도
각종 선거의 입후보자로 등록할 수 있어야 한다고 생각합니다."

memo

읽을거리 : 토론 입론에 대한 연구

■ 아카데미식 토론의 입론 전개 방식에 따른 설득 효과 : 설득 지식 모델을 중심으로
한국소통학보, 28호, 79-113. 최지원·허경호(2015)

■ 아카데미식 토론에 대한 연구

1) 아카데미식 토론에서 입론의 의무

(1) 입증의 의무

　아카데미식 토론에서 긍정 측은 입증의 의무(burden of proof)를 진다. 입증의 의무는 소송에서 자신에게 유리한 사실을 주장하기 위하여 법원을 설득할 만한 증거를 제출하는 책임을 의미하는 법률 용어다. 형사 소송에서는 검사가, 민사 소송에서는 원고가 입증의 의무를 지며 '입증의 부담', '증명의 부담', '거증의 부담' 등으로도 불린다(박재현, 2012). 토론에서 긍정 측에 부과된 입증의 의무는 라틴어 'onusprobandi'에서 유래된 것으로 주장하는 자가 증명해야 한다는 것을 의미한다(Phillips, Hicks & Springer, 2006). 법률 용어로서 이 개념은 피고의 유죄가 인정되기까지 무죄라는 것을 전제로 하는데, 검사는 무죄가 추정되는 상황에서 유죄임을 입증해야 하는 부담을 갖게 된다. 아카데미식 토론의 긍정 측은 현 상태가 문제가 있기 때문에 이를 변화시켜야 한다는 주장을 전개하는데 이 때 변화의 당위성을 논리적으로 증명해야 하는 것이 입증의 의무다(강태완·김태용·이상철·허경호, 2001). 즉, 긍정 측은 현 상태에 대해 변화의 필요성을 입증해야 하는데 이것을 입증할 수 없다면 기존의 상태를 인정하고 존중해야 한다. 왜냐하면 현 상태는 과거 어느 시점에서 사회적 논의를 통해 합의된 결과이기 때문이다(이두원, 2014). 이러한 입증의 의무는 토론의 성격에 따라 부여되는 필수 쟁점을 입론에서 모두 다룸으로써 해소될 수 있는데 먼저 현 상태의 문제가 심각하며 지속적으로 발생할 것이라는

것을 제시하고, 긍정 측이 제시하는 방안을 통해 그것이 충분히 해결 가능하며 긍정 측의 주장을 통해 새로운 이익이 발생할 수 있음을 단계적으로 증명한다(Wood & Goodnight, 1994).

(2) 반증의 의무

반증의 의무(burden of rebuttal)는 침묵이 곧 동의를 의미한다는 토론의 원칙에 따라, 반박하지 않으면 긍정 측의 논리를 인정하는 것이기 때문에 긍정 측이 주장한 내용이 옳지 않음을 증명해 내야 하는 반대 측의 의무를 말한다. 부정 측은 긍정 측이 필수 쟁점을 통해 제시한 주장을 효과적으로 반박해야 하는데 이를 위해 먼저 긍정 측의 주장이 논제에서 벗어났음을 주장할 수 있다. 또한 전체 논지를 정당화할 수 없는 주장이거나 비전형적 주장임을 공격하거나 개념의 정의가 올바르지 않음을 문제 삼을 수 있다(강태완 외, 2001). 더불어 긍정 측이 제시한 주장에 문제점이 많아 불이익이 발생할 수 있거나 더 나은 대체 방안을 제시하는 것도 반증의 의무를 해소할 수 있는 전략이 될 수 있다(Lucas, 1995)

2) 긍정 측 입론의 전개 방식에 관한 연구

(1) 필수 쟁점에 따른 전개

필수 쟁점에 따른 전개는 논제에 따라 필수적으로 논의되어야 하는 요소들을 주장 전개의 기준으로 삼는 방식을 말한다. 긍정 측은 필수 쟁점에 따라 주장을 설계하고 부정 측은 긍정 측이 제안한 주장에 대립하는 방식으로 입론이 진행된다. 아카데미식 토론의 입론은 토론자가 토론 주제와 관련하여 자신의 생각을 논리적으로 분명하게 말함으로써 상대방에게 자기 주장을 내세우는 과정이며 입론에서 가장 중요한 것은 진술 내용의 논리성이다(장희, 2015). 또한 아카데미식 토론이 보다 생산적이고 효율적으로 진행되기 위해서는 입론에서 분명한 쟁점이 형성되어야 한다(Greenstreet, 1993). 아카데미식 토론의 긍정 측 입론은 증명의 부담(burden of proof)을 짊어지며 이를 위해 현 상태의 문제점을 증명하고, 변화를 주장하게 된다. 따라서 긍정 측 입론자는 논제의 핵심 요소들인 '필수 쟁점(stock issues)'을 중심으로 전략을 설계해야 하며 이때 필수 쟁점이란 토론의 종류에 따라 대립되어 등장하는 쟁점을 말한다(Snider, 2006).

이상철·백미숙·정현숙(2006)은 필수 쟁점에 대해 사실 논제의 경우 사실에 대한 행위 유무를 추정하는 추측의 상태, 언어의 정의를 통해 상태나 상황을 규정하는 정의의 상태, 사실을 인정하는 정도의 차이를 나타내는 정도의 상태, 논의에 대한 과정과 절차에 대한 쟁점을 통해 상황을 규정하는 절차의 상태를 필수쟁점으로 한다고 밝혔다. 또한 정책 논제의 경우 문제의 배경과 용어의 개념 정의, 정당화, 방안, 이익과 부작용, 실효성 등을 필수 쟁점으로 하며, 가치 논제는 정의의 쟁점, 가치 우선순위의 쟁점, 가치 판단 기준의 쟁점, 대상 판단 방법의 쟁점 등이 필수 쟁점이라고 소개한 바 있다. 허경호(2012)는 필수 쟁점이란 특정 입장을 채택하기 전에 반드시 짚고 넘어가야 할 핵심적 문제점으로 정책 논제의 경우 정당화, 방안, 방안이 갖는 영향력을 필수 쟁점으로 제시했다. 정당화는 문제의 지속성과 심각성에 대한 쟁점, 방안은 문제의 실행 가능성과 해결 가능성에 대한 쟁점, 영향은 사회적인 이익과 불이익에 대한 쟁점이 제시되어야 한다는 것이다. 필수 쟁점의 경우 정책 논제에 대한 연구가 상대적으로 많은 편인데 정책 논제의 필수 쟁점은 핵심 명제의 어느 부분에 초점을 두느냐에 따라 달리 해석되기도 한다. 프릴리와 스텐버그(Freeley & Steinberg, 2013)는 '생명이나 신체, 재산, 명예 따위에 손해를 입음'이라는 의미의 '피해(harms)'가 첫번째 필수 쟁점을 가리키는 용어로, 피해가 어디에 내재되어 있는지를 의미하는 '내재성'을 두번째 필수 쟁점을 가리키는 용어로 제시하기도 하다.

아카데미식 토론의 긍정 측 입론에서 필수 쟁점에 따라 주장을 전개하는 것은 필수 쟁점을 그대로 긍정 측 입론의 논리 구조로 사용하는 경우다. 스나이더(Snider, 2006)는 논제의 핵심 요소들인 필수 쟁점을 중심으로 긍정 측 입론의 전략을 세워야 한다고 했으며, 필립스와 그의 동료들(Phillips et al., 2006)은 필요 방안 모형(need-plan model)을 통해 필수 쟁점을 입론 구조의 근간으로 세우는 모형을 제시했다. 필요 방안 모형은 '현재 문제의 심각성이 인식되어 변화의 필요가 있으며 제시된 방안이 문제를 해결할 것이다'를 골자로 한다(박재현, 2012). 또한 필요 방안 모형은 사법적 패러다임에 입각한 것으로 추정의 원칙을 전제로 한다. 새로운 정책은 위험성을 수반하므로 변화의 필요성을 정확히 입증하지 못한다면 현재 상태가 옳은 것으로 판단하는 것이다(Ericson, Murphy, & Zeuchner, 2011). 이러한 필수 쟁점이 아카데미식 토론의 긍정 측 입론에서 모두 언급되지 않으면 반대 측에서 필수 쟁점을 검토하고 반박할 수 있는 기회가 제한되어 원활한 토론이 이루어지지 않게 되고 토론의 목적을 달성할 수 없게 된다. 그러므로 긍정 측은 입론에서 필수 쟁점을 다룬 완벽한 주장을 해야 한다(이두원, 2006).

(2) 이익 비교에 따른 전개

이익 비교 모형(comparative advantage model)은 복잡한 사회 구조 속에서 문제의 원인이 다양해지면서 등장한 새로운 입론 전개 방식이다(Phillips et al., 2006). 정책 입안 패러다임에 기반한 비교 우위 모형은 긍정 측이 제안하는 새로운 주장이 현 상태의 문제를 더 잘 해결할 수 있다는 상대적 이익을 강조한다. 필요 방안 모형이 추정의 원칙을 전제하는 것의 부당성을 전제하며 기존 주장과의 비교 우위가 논리 전개의 근간이 된다. 비교 우위 모형은 찬성 측이 입론에서 제시한 필수 쟁점을 반대 측이 모두 다루지 않고 반대 측이 독립적으로 설정한 이익의 범주 안에서 통합적으로 처리된다(박재현, 2012). 필립스 외(2006)는 비교 우위 모형이 현재 가장 많이 사용되는 토론의 모형임을 주장했다. 이선(2011)은 쟁점 분석 모형 중 이익 비교 모형은 앞서 언급된 필요 방안 모형과 함께 정책 논제를 분석하는 데 적용할 수 있음을 제시한 바 있다.

1996년 일본 교실 디베이트 연맹이 개발한 메리트-디메리트(merit-demerit) 비교 방식 역시 필수 쟁점에 따라 주장을 전개하기보다는 비교 우위에 있는 주장을 전개하는 입론 방식을 제시한다. 메리트-디메리트 방식은 정책 논제에 초점을 맞춘 것으로 현명한 유권자는 어떤 후보의 정책이 국민에게 메리트가 많고 디메리트가 적은지를 판단할 수 있다는 것을 전제한다(권오현, 2004). 긍정 측은 논제를 긍정하는 입장에서 구체적인 플랜을 제시하고 그로 인해 생기는 메리트를 중점적으로 증명한다. 메리트가 디메리트보다 크다는 것이 논증되면 긍정 측의 승리가 된다(藤川大祐의 연구, 권오현, 2004에서 재인용).

(3) 토론자의 개인적 가치에 따른 전개

　존 미니와 케이트 셔스터(2008)는 긍정 측 입론의 전개에 대해 토론을 위한 분명한 토대를 마련한 후 자신의 주장에 대한 해석을 뒷받침하는 구체적인 주장을 전개해야 한다며 일반적으로 세 개나 네 개 정도의 주요 주장과 이와 일치하는 일반적인 증거 또는 역사적인 증거를 제시해야 한다고 했다. 물론 의회식 토론에 제한된 설명이지만 필수 쟁점에 대한 언급이 없어 토론자의 개인적 가치에 따라 주장이 선택짐을 전제했다. 이정옥(2008)도 긍정 측의 입론은 논제를 둘러싼 사회적 배경을 말하고 핵심 용어의 개념을 정의하며 논점을 3~4 개 항목으로 정리하여 전개한 후 기대 효과를 열거하는 방식으로 입론의 전개를 제시했다. 이선(2011)의 연구는 입론 구성 능력의 위계적 양상에 대해 '주장에 대한 이유 제시하기→주장에 대한 이유와 근거를 연결 지어 제시하기→주장에 대한 충분하고 적절한 논증 제시하기'로 정리하며 주장의 선택에 대한 특별한 조건을 제시하지 않고 있다. 논제의 성격별로 구조화된 필수 쟁점에 따라 긍정 측의 입론을 전개하기 보다는 쟁점의 형성 자체에 초점을 둔 전개도 있다. 긍정 측의 입론은 논제의 배경 제시, 용어의 개념 정의, 핵심 주장하기(허경호, 2012)의 구조로 전개되며 핵심 주장은 주장과 근거, 세부 근거 및 뒷받침 사례로 구성된다는 것이다. 특히 긍정 측이 제시하는 용어 정의에 대해 이를 긍정 측의 의무이자 권리임을 주장하는 연구도 있다(신광재 외, 2011).

3) 부정 측 입론의 전개 방식에 관한 연구

　아카데미식 토론에서 부정 측 입론에 대한 연구는 학자마다 다른 의견을 보이는 지점이다. 토론 교육 현장이나 토론 대회에서 서로 다르게 제시되는 부정 측 입론의 전개방식은 선행 연구를 통해 크게 세 가지 방식으로 정리될 수 있다. 토론에서 중요한 것은 쟁점 형성이기 때문에 부정 측은 긍정 측이 주장한 범위 내에서 반증의 의무만을 수행해야 한다는 소극적인 해석과 부정 측은 긍정 측의 주장과 별도로 독립적인 주장을 제시할 수 있다는 적극적인 해석이 있다. 또한 두 가지 방법을 혼용하여 구사할 수 있다는 연구도 있는데 이러한 주장은 부정 측 입론의 본질적인 기능이 논제에 대한 반대 주장을 세우는 것인지, 찬성 측 주장에 반박하는 기능을 하는 것인지에 대한 의문을 제기한다. 선행 연구를 부정 측 입론 전개 방식에 따라 구체적으로 정리하면 다음과 같다.

(1) 직접 반박에 따른 전개

직접 반박(direct refutation)은 부정 측 토론자가 긍정 측 토론자의 주장을 하나도 빠짐없이 직접적으로 모두 반박하는 것을 말한다. 존 미니와 케이트 셔스터(2003)는 부정 측 토론자는 긍정 측 토론자가 제시한 주장에 반대되는 예를 모두 제시함으로써 긍정 측의 주장을 상쇄시킬 수 있다고 했다. 허경호(2012)는 부정 측 입론은 긍정 측 입론 내용에 대한 응답을 통해 제시된 주장이 최소한 한 개 이상 직접적으로 반박되어야 한다고 했다. 이두원(2014)은 정책 토론의 경우 직접 반박을 통해 반증의 의무를 해소할 수 있다고 주장하며 세 가지의 반증 전략을 제시했다. 첫째, 긍정 측이 필수 쟁점에 따라 제시한 주장의 한계와 제한점을 반박하고 둘째, 정책의 비용과 부작용을 제시하며 셋째, 사안의 본질과 지속성을 공격하는 것이다. 이상철 외(2006)의 연구는 부정 측 입론에 대한 언급 중 용어 정의에 대해 따로 밝히고 있는데 긍정 측 입론의 고유 권한으로 인식되는 용어 정의에 대해 부정 측이 합리적으로 받아들일 수 있는 대체 정의를 찾는 것을 허용하고 있다. 더불어 긍정 측이 제시한 필수 쟁점에 대해 일일이 반박하며 입론이 전개되어야 함을 명시했다. 아카데미식 토론의 입론에서 부정 측이 직접 반박의 형태로 시행하는 입론의 구체적인 사례는 <표 1>과 같다. 부정 측은 긍정 측이 입론에서 제시한 주장에 대해 하나도 빠짐없이 직접적으로 반박하며 입론의 주장을 전개하고 있음을 알 수 있다. 이러한 전개 방식은 부정 측 입론이 형식상 입론의 기능을 수행하지만 내용상 첫 번째 반박의 기능을 수행하는 것으로 이해될 수 있다.

〈표 1〉 직접 반박의 사례(논제: 사형제도는 폐지되어야 한다.)

긍정 측 입론	부정 측 입론
첫째, 국가에 의한 살인이다. 둘째, 오판의 위험이 있다. 셋째, 범죄 예방 효과가 없다.	첫째, 국가에 의한 살인이 아니다. 둘째, 오판의 위험은 없다. 셋째, 범죄 예방 효과가 있다.

(2) 간접 반박에 따른 전개

간접 반박(indirect refutation)은 긍정 측에서 정식으로 포함하지 않았던 핵심 쟁점을 부정 측 입론에서 제기하는 것을 말한다(Meany & Shuster, 2003). 이는 긍정 측이 입론을 구성할 때 고려한 내용이지만 긍정 측에 불리하게 작용한다고 판단했거나 근거가 불충분하여 제외시켰던 주장일 가능성이 크기에 긍정 측의 약점을 공격하는 것이 된다. 그러나 부정 측의 입론에서 간접 반박을 통한 주장을 전개할 경우 쟁점이 형성되지 않아 전체 토론이 각자의 주장 발표로 끝나 버릴 수 있다. 이러한 간접 반박의 한계를 찬반(贊反) 토론과 찬찬(贊贊) 토론의 개념으로 비교하며 경계한 지적도 있다. 신광재와 동료 교사들(2011)은 긍정 측이 '사형 제도는 유지되어야 한다'는 논제로 주장을 펼쳤는데 부정 측이 긍정 측과 쟁점이 형성되지 않는 별도의 독립된 반대 주장을 펼친다면, 이는 반증의 의무를 소홀히 한 것이며 엄한 의미에서 '사형 제도는 필요하지 않다'는 별도의 논제를 세워 새로운 긍정 측 입론을 시도한 것이라는 해석을 제시했다. 쟁점이 형성된 찬반 토론이 아니라 논제에 대해 긍정하는 주장이 연속되는 찬찬 토론이 되어 합리적 의사소통의 의미가 무색해진다는 것이다. 아카데믹 토론의 입론에서 부정 측이 간접 반박의 형태로 시행하는 입론의 구체적인 사례는 <표 2>와 같다. 부정 측의 입론은 긍정 측이 입론에서 제시한 주장과 관계없는 별도의 독립된 주장을 펼치고 있음을 알 수 있다.

〈표 2〉 간접 반박의 사례(논제: 사형제도는 폐지되어야 한다.)

긍정 측 입론	부정 측 입론
첫째, 국가에 의한 살인이다. 둘째, 오판의 위험이 있다. 셋째, 범죄 예방 효과가 없다.	첫째, 피해자의 인권이 중요하다. 둘째, 국민의 다수가 사형제도 유지의 필요성을 인정한다. 셋째, 흉악범죄가 증가하고 있으므로 시기상조이다.

(3) 직접 반박과 간접 반박의 혼용에 따른 전개

부정 측 토론자는 반증의 의무를 덜기 위해 다음 긍정 측의 주장 중 적어도 하나 이상을 명확히 반증함으로써 승리하는 전략을 세워야 한다(강태완 외, 2001). 여미란과 허경호(2012)는 부정 측의 입론이 긍정 측에 대한 반박으로 시작함을 제시한다. 긍정 측이 제시한 필수 쟁점에 이의제기를 한 후 부정 측이 준비한 입론을 펼쳐야 하며 이는 각각 반박적 주장과 공격적 주장이란 개념으로 제시했다. 부정 측의 입론에서 긍정 측 입론 주장에 대한 반박적 주장이 시도되지 않는다면 연결 고리가 없는 별도의 독백이 된다는 것이다. 아카데미 토론의 입론에서 부정 측이 직접 반박과 간접 반박 혼용의 형태로 시행하는 입론의 구체적인 사례는 <표 3>과 같다. 부정 측의 입론은 긍정 측이 입론에서 제시한 주장과 관계없는 별도의 독립된 주장, 즉 두 개의 공격적 주장을 먼저 펼친 후 긍정 측이 제시한 주장과 쟁점을 형성하는 주장, 즉 한 개의 반박적 주장을 제시하며 입론을 전개하고 있음을 알 수 있다.

〈표 3〉 직접 반박과 간접 반박의 혼용 사례(논제: 사형제도는 폐지되어야 한다.)

긍정 측 입론	부정 측 입론
첫째, 국가에 의한 살인이다. 둘째, 오판의 위험이 있다. 셋째, 범죄 예방 효과가 없다.	첫째, 피해자의 인권이 중요하다. 둘째, 국민의 다수가 사형제도 유지의 필요성을 인정한다. 셋째, 범죄 예방 효과가 있다.

▣ 찬성 입론의 주요 주장 전개

✓ 주장의 3가지 전개 방법
1. 주요 쟁점 : 논제의 형식에 따른 주요 쟁점을 중심으로
2. 비교 우위 : 문제를 가장 잘 해결하고, 이익이 가장 많은 순서대로 제시
3. 개인 가치 : 개인의 가치에 따라 중요하다고 생각하는 순서대로 제시

memo

▣ 찬성 입론 주장 전개 예시

논제 : 연예뉴스의 댓글을 폐지해야 합니다.

주요 쟁점	• 개인에 대한 악성 댓글이 생산되고 있습니다. • 악성 댓글로 심각한 명예훼손이 발생되고 있습니다.
비교 우위	• 연예인에 대한 악성 댓글을 해결할 수 있습니다. • 포털 댓글 관리의 신호탄이 될 수 있습니다.
개인 가치	• 제 2의 설리를 막아야 합니다. • 포털의 사회적 책임을 수행해야 합니다.

memo

◪ 찬성 입론의 마무리 : 주장에 대한 책임

- ✓ 주장 내용의 요약적 제시
- ✓ 자신의 주장이 이루어진다면 어떤 긍정적 변화가 기대되는지 제시

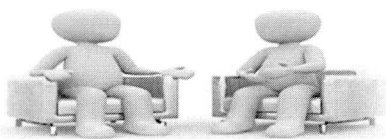

memo

◪ 토론의 교차조사

✓ 상대의 발언 내용을 확인하여 반론의 발판을 마련하는 과정

무엇을 질문하나?
- 발언 내용의 논리적 허점
- 논제와의 관련성
- 자료 출처와 제작 시기의 적절성
- 수치 분석과 해석 방향의 타당성

memo

▣ 토론의 교차조사

✓ 상대가 발언한 내용을 질문을 통해 확인하며 일정한 결론에 도달

찬성 측은 악성 댓글이 연예인의 죽음에 결정적인 영향을 미친다고 주장하셨습니다. 맞습니까?

그렇다면 찬성 측은 연예인이 자신에 대한 부정적인 평판을 주로 기사의 댓글을 통해 접하게 된다고 생각하시는군요. 맞습니까?

찬성 측은 SNS와 유튜브 등 각종 소셜미디어가 연예인 평판에 미치는 영향력에 대해 생각해 보신 적 있으신가요?

memo

▣ 토론의 반론

반론 : 상대 주장의 부족한 점 지적
✓ 논제의 범위를 벗어나지 않았는지
✓ 주장의 근거가 타당한지
  - 최근의 전문적인 자료인지
  - 주장을 적절하게 지지하는지

✓ 입론에서 제시하지 않은 내용을 반박에서 언급할 수 없음
✓ 추정의 원칙에 따라 반박하지 않으면 동의하는 것으로 해석될 수 있음

memo

▣ 토론의 최종발언

최종 발언 : 토론 내용의 요약과 입장의 강조

- ✓ 토론 논제에 대한 자신의 입장 정리
- ✓ 상대의 반박 내용 정리
- ✓ 상대 반박 내용에 대한 자신의 전체적인 입장 제시
- ✓ 인상적인 내용을 통해 청중 설득

memo

II장 과제 수행하기

■ 하나의 논제를 정한 후 입론의 주장 전개 방식 중 하나를 선택하여 찬성 입론의 주요 주장을 전개해 봅시다.

논제 :

내가 선택한 입론의 주장 전개 방식 :

주요 주장 1 :

주요 주장 2 :

주요 주장 3 :

11장 내용 정리

1. 토론의 핵심 과. 정은 입론, 교차조사, 반론, 최종발언이다.
2. 토론의 핵심 요소를 변형하여 다양한 토론 방식을 구성할 수 있다.
3. 찬성 입론은 사회적 배경, 핵심 용이의 개념정의, 주용 주장의 전개, 입론의 마무리로 구성된다.
4. 사회적 배경은 토론의 가치, 논제의 맥락, 논제에 대한 관심 유도 등의 내용으로 구성된다.
5. 용어 정의는 핵심 개념의 분명히 하여 주장의 범주를 설정하는 역할을 한다.
6. 찬성 입론의 주장 전개 방식은 주요 쟁점, 비교 우위, 개인 가치에 따른 방식이 있다.
7. 주요 쟁점은 논제의 형식에 따라 제시된 주요 쟁점을 중심으로 주장을 전개하는 방식이다.
8. 비교 우위는 문제를 잘 해결하고 이익이 가장 많은 순서대로 주장을 전개하는 방식이다.
9. 개인 가치는 개인의 가치에 따라 중요하다고 생각하는 순서대로 주장을 전개하는 방식이다.
10. 찬성 입론의 마무리는 자신의 주장대로 이루어졌을 때 나타나는 긍정적 변화를 제시할 수 있다.
11. 교차조사는 단순 질문이 아니라 반론의 발판을 마련하는 과정이며 질문의 끝에 일정한 결론에 도달해야 한다.
12. 토론의 반론은 상대가 주장한 내용 안에서 반박이 이루어져야 하며 추정의 원칙에 따라 반박하지 않은 주장은 동의하는 것으로 해석될 수 있다.
13. 최종발언은 토론 내용의 요약과 입장의 강조를 통해 청중을 설득하는 과정이다.

12장
찬성 입론과 반대 입론의 전개

12장 찬성 입론과 반대 입론의 전개

▣ 입론의 전개 방식

찬성 입론
- 사회적 배경
- 핵심 용어의 개념 정의
- 주요 주장의 전개
  1. 주요 쟁점에 따른 전개
  2. 비교 우위에 따른 전개
  3. 개인 가치에 따른 전개
- 입론의 마무리

반대 입론
- 사회적 배경
- 찬성 측 용어정의 검토
- 주요 주장의 전개
  1. 직접 반박에 따른 전개
  2. 간접 반박에 따른 전개
  3. 혼용 반박에 따른 전개
- 입론의 마무리

memo

▣ 반대 입론 : 직접 반박에 따른 전개

✓ 찬성 측 입론을 모두 부정하며 반증의 의무 해소
✓ 하나도 빠짐없이 모두 반박
✓ 형식은 반대 입론이지만 내용은 첫번째 반박의 기능 수행

찬성 입론
- 개인에 대한 악성 댓글이 생산되고 있습니다.
- 악성 댓글로 심각한 명예훼손이 발생되고 있습니다.

반대 입론(직접 반박)
- 개인 악성 댓글은 연예뉴스만의 문제가 아닙니다.
- 명예훼손은 댓글에서만 발생하지 않습니다.

memo

▣ 반대 입론 : 간접 반박에 따른 전개

- ✓ 찬성 측 입론에서 포함하지 않았던 내용 언급
- ✓ 찬성 측이 불리하거나 근거가 충분하지 않아 배제했을 거라는 전제
- ✓ 쟁점이 형성되지 않아 각자 주장 발표에 그침

찬성 입론
- 개인에 대한 악성 댓글이 생산되고 있습니다.
- 악성 댓글로 심각한 명예훼손이 발생되고 있습니다.

반대 입론(간접 반박)
- 댓글 폐지는 표현의 자유를 침해합니다.
- 악플러는 플랫폼을 옮길 뿐 사라지지 않습니다.

memo

▣ 반대 입론 : 혼용 반박에 따른 전개

- ✓ 반박하지 않으면 인정하는 것으로 보는 추정의 원칙
- ✓ 반증의 의무를 덜기 위해 하나 이상의 주장 반박
- ✓ 직접 반박과 간접 반박의 전략적 혼용

찬성 입론
- 개인에 대한 악성 댓글이 생산되고 있습니다.
- 악성 댓글로 심각한 명예훼손이 발생되고 있습니다.

반대 입론(혼용 반박)
- 개인 악성 댓글은 연예뉴스만의 문제가 아닙니다.
- 악플러는 플랫폼을 옮길 뿐 사라지지 않습니다.

memo

▣ 주장의 양과 질의 관계

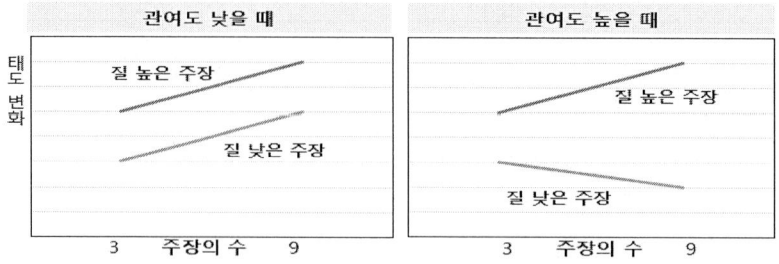

- ✓ 주장이 계속되면 주의가 분산되고 지루해질 수 있음
- ✓ 일반적으로 사람은 제한된 양의 정보만 기억할 수 있음
- ✓ 더 설득적인 주장과 그렇지 못한 주장이 있을 수 있음

▣ 주요 주장의 제시 순서

- ✓ 초두 효과 : 먼저 제시되는 주장이 설득에 효과적으로 작용하는 효과
- ✓ 최신 효과 : 나중에 제시되는 주장이 설득에 효과적으로 작용하는 효과

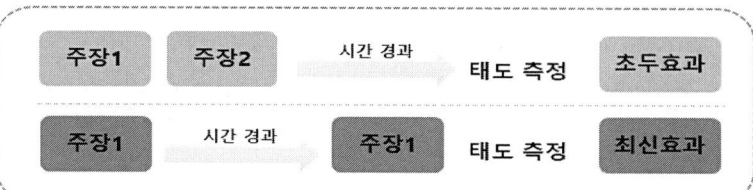

* 입론, 반론 모두 가장 중요한 주장을 처음에 제시하는 것이 설득에 효과적

▣ 주요 주장의 반복

- ✓ 정보 처리 관점 : 메시지의 반복은 주의와 이해에 도움을 줌
- ✓ 단순 노출 이론 : 반복 노출은 친근감 유발로 설득 발생

- 3회 반복까지는 인지적 처리 가능성 증가
- 4회 반복되면 지루함 느끼고 호감도 떨어짐
- 지나친 반복은 긍정적 작용을 부정적 작용으로 바뀌게 함
  → **질 높은 메시지의 경우에만 해당됨**
  → **복잡하고 추상적인 메시지일수록 반복을 잘 견딤**

memo

12장 과제 수행하기

■ 찬성 입론에 대해 직접 반박, 간접 반박, 혼용 반박의 방식으로 반대 입론을 구성해 봅시다.

직접 반박 형식

주장 1 :

주장 2 :

주장 3 :

간접 반박 형식

주장 1 :

주장 2 :

주장 3 :

혼용 반박 형식

주장 1 :

주장 2 :

주장 3 :

12장 내용 정리

1. 반대 입론은 사회적 배경, 찬성 측 용어정의의 검토, 주요 주장의 전개, 입론의 마무리로 구성된다.
2. 용어정의의 검토 과정에서 찬성 측 용어정의를 전체적으로 부정할 경우 토론이 성립될 수 없다. 그러므로 용어정의를 찬성 측의 고유 권한으로 보는 견해도 있다.
3. 반대 입론 주요 주장 전개는 직접 반박에 따른 전개, 간접 반박에 따른 전개, 혼용 반박에 따른 전개로 구분된다.
4. 직접 반박에 따른 전개는 찬성 측 주장을 모두 부정하며 반증의 의무를 해소하는 것이며 내용 상 첫번째 반박의 기능을 수행하게 된다.
5. 간접 반박에 따른 전개는 찬성 측이 불리하다고 판단해 주요 주장에서 배제한 내용을 언급하는 방식으로 쟁점이 형성되지 않는 한계를 지닌다.
6. 혼용 반박에 따른 전개는 추정의 원칙과 반증의 의무를 적절히 해소하기 위해 전략적으로 직접 반박과 간접 반박을 혼용하는 방식이다.
7. 관여도가 높을 때 질 높은 주장은 주장의 수가 많을수록 태도 변화를 가져오지만 질 낮은 주장은 반대 효과를 가져올 수 있어 적절한 주장의 수를 고민해야 한다.
8. 초두 효과와 최신 효과 모두 가장 중요한 주장을 처음에 제시하는 것이 가장 효과적임을 제시한다.
9. 발표의 특성을 고려해 메시지의 내용을 반복 요약해 주는 것은 효과적이지만 쉬운 내용을 지나치게 반복하면 역효과가 발생할 수 있다.

13 장
논증의 형식

13장 논증의 형식

■ 논증

> 논증 : 주장하고자 하는 내용의 타당성을 밝히는 과정
> 논증의 구성 : 주장+근거+증거

주장(claim) : 군 복무 가산점제를 부활해야 합니다.
근거(ground) : 국민의 대다수가 찬성하기 때문입니다.
증거(warrant) : 병무청 조사 결과, 우리나라 국민의 85%가
군 복무 가산점제 부활을 찬성하는 것으로 나타났습니다.
(제시된 근거가 주장을 뒷받침하도록 만들어주는 역할)

memo

■ 논증의 기본 구조

근거 : 국민의 대다수가 ⟶ **주장** : 군 복무 가산점제
찬성하기 때문입니다.   부활에 찬성합니다.

증거 : 병무청 조사 결과, 우리나라 국민의 85%가
군 복무 가산점제 부활을 찬성하는 것으로 나타났습니다.

memo

■ 툴민의 논증 모형

✓ **2차 증거(backing)** :
  - 제시된 근거가 주장을 뒷받침하도록 만들어주는 역할. 증거2
  - 증거를 뒷받침하는 증거의 증거

✓ **강도 조절(qualifier)** : 제시된 주장의 강도를 조절하기 위한 표현
  - 100% 혹은 예외 없이, 틀림없이, 모두
  - 90% 혹은 일반적으로, 대부분, 거의, 보통
  - 60% 혹은 아마도, 절반 이상은

✓ **한계 설정(rebuttal)** : 주장의 한계 영역을 설정하는 것
  - 특수하거나 예외적인 경우 맞지 않을 수 있음을 미리 밝히는 것

■ 툴민의 논증 모형

근거 : 국민의 대다수가 찬성하기 때문입니다. → **주장** : 군 복무 가산점제 부활에 찬성합니다.

증거1 : 병무청 조사 결과, 우리나라 국민의 85%가 군 복무 가산점제 부활을 찬성하는 것으로 나타났습니다.

한계 설정 : 물론, 미필자들은 대상으로 조사하면 결과가 다를 수 있겠지만

2차 증거1 : 증거2
약 70%의 사람들이 병역의무를 이행한 사람에 대한 정당한 보상을 해줘야 한다는 의견을 보였습니다.

2차 증거2 : 증거의 증거
이 조사는 대한민국 성인 남녀 500명을 대상으로 실시했으며 신뢰수준은 98%입니다.

▣ 논증의 2가지 형식

논증

- **연역 논증** : 가장 강력한 논증 도구
  증거가 참이면, 주장은 '참'인 것이 보장
  반론의 여지가 없는 증거 제시를 통해 주장을 사실로 이끔

- **귀납 논증** : 가장 보편적인 논증의 도구
  증거가 참이면, 주장은 '참'이 될 가능성이 높음
  현상을 관찰하여 반복적으로 나타나는 특징을 사실로 간주함

memo

▣ 연역 논증 사례

주장	최순실을 처벌해야 한다.
근거	• '대통령기록물 관리에 관한 법률'을 어겼기 때문이다.
1차 증거	• 대통령기록물 관리법에 따르면 대통령 직무 수행과 관련된 기록물이나 물품을 무단 유출할 경우 7년 이하의 징역 또는 2000만 원 이하의 벌금에 처해진다.
2차 증거	• 최순실은 대통령의 연설문과 국무회의 자료를 청와대 외부로 유출해 내용을 수정하거나 열람했다.

*법률은 한계 설정을 통해 귀납 논증이 될 수도 있음

memo

법률의 제시는 한계 설정을 통해 귀납 논증이 될 수도 있습니다. 왜일까요?
연역 논증으로 주장을 구성해 봅시다.

▣ 연역 논증 사례

주장	군 복무 가산점제를 부활해야 한다.
근거	• 국민의 대다수가 찬성하기 때문입니다.
1차 증거	• 병무청 조사 결과, 우리나라 국민의 85%가 군 복무 가산점제 부활을 찬성했다.
2차 증거	• 약 70%의 사람들은 병역의무를 이행한 사람에 대해 정당한 보상을 해줘야 한다는 의견을 보였다.

*통계 자료는 한계 설정을 통해 귀납 논증이 될 수도 있음

memo
통계 자료의 제시는 한계 설정을 통해 귀납 논증이 될 수도 있습니다. 왜일까요?

▣ 귀납 논증 사례

주장	미성년 연예인의 선정적 언행을 금지해야 한다.
근거	당사자의 실제 피해가 발생하기 때문이다.
증거1	걸그룹 출신의 A양은 활동 당시 소속사의 노출 요구로 인해 심한 스트레스를 받았고 결국 정신과 치료를 받고 있다. 
증거2	청소년심리학은 미성년 상태의 이들을 성적 대상으로 보는 것은 성인이 되어도 수치심과 죄책감을 느끼게 한다고 제시한다. 

*증거1과 증거2에서 모두 피해가 발견되었기 때문에 당사자의 피해를 사실로 간주함

memo
귀납 논증으로 주장을 구성해 봅시다.

■ 귀납 논증 사례

- **주장**: 데이트 폭력은 실형은 선고받지 않는다.
- **근거**: 지금까지 실형은 선고한 사례가 없기 때문이다.
- **증거1**: 부산 데이트 폭력 가해자는 집행유예를 선고 받았다. — 사례1
- **증거2**: 인천과 대구 데이트 폭력 가해자도 집행유예를 선고 받았다. — 사례2

*사례1과 사례2는 모두 데이트 폭력 가해자에게 집행유예를 선고했기 때문에 '데이트 폭력 가해자=집행유예'를 사실로 간주하고 논증을 전개함

memo

■ 증거 제시 방법

증거
- **지식**: 누구나 인정하고 이해하는 객관적 정보
- **사례**: 어떤 일이 과거에 실제로 일어난 구체적인 예
- **통계**: 각종 조사를 통해 얻어낸 계량적인 자료
- **증언**: 신뢰할 수 있는 사람의 말을 인용하는 것

memo

▣ 증거 제시 방법

✓ 지식을 통한 증거 제시

주장 : 외동인 아이들은 언어 발달이 빠르다.
근거 : 부모와 상대적으로 많은 시간을 보내며 언어를 학습할 수 있기 때문이다.

> 지식 : 누구나 인정하고 이해하는 객관적 정보

> 의사소통의 기회는 언어발달을 촉진시키는 주요 요인이다.

memo

▣ 증거 제시 방법

✓ 사례를 통한 증거 제시

주장 : 외동인 아이들은 언어 발달이 빠르다.
근거 : 부모와 상대적으로 많은 시간을 보내며 언어를 학습할 수 있기 때문이다.

> 사례 : 어떤 일이 과거에 실제로 일어난 구체적인 예

> 실제로 외동인 A는 또래의 아이보다 언어 발달이 빠르다.

memo
동일한 주장에 대해 사례와 통계 제시의 방법 중 명확하고 생생한 하나의 사례에 더 영향을 받은 것으로 나타났다.

▣ 증거 제시 방법

✓ 통계를 통한 증거 제시

주장 : 외동인 아이들은 언어 발달이 빠르다.
근거 : 부모와 상대적으로 많은 시간을 보내며 언어를 학습할 수 있기 때문이다.

> 통계 : 각종 조사를 통해 얻어낸 계량적인 자료

> 외동아이와 형제아 비교 결과, 언어 능력은 외동아이가 평균 47.24점으로 형제아(41.24점)보다 앞서는 것으로 나타났다.

memo

▣ 증거 제시 방법

✓ 증언을 통한 증거 제시

주장 : 외동인 아이들은 언어 발달이 빠르다.
근거 : 부모와 상대적으로 많은 시간을 보내며 언어를 학습할 수 있기 때문이다.

> 증언 : 신뢰할 수 있는 사람의 말을 인용하는 것

> 아동발달학자 뉴먼 박사는 외동아이가 부모와 1대1로 지적 자극을 받을 기회가 많아 언어 발달의 기회를 더 많이 얻을 수 있다고 말했다.

memo

읽을거리 : 찬성 측 입론 예시

논제 : 미성년 연예인의 선정적 언행을 금지해야 한다.

사회적 배경 안녕하십니까? 저는 찬성 측 토론자 OOO 입니다. 2018 년 여성가족부의 청소년 연예인 성 보호 실태 조사에 따르면 12%의 청소년 연예인이 과도한 노출을 경험했으며, 9%는 포옹이나 키스 등의 선정적인 행위를 경험하였다고 합니다. 현재 연예인의 데뷔 연령은 점점 낮아지고 있는 추세입니다. 저희 찬성 측은 더 늦기 전에 미성년 연예인의 선정적 경험과 행위에 대한 적절한 사회적 합의가 필요하다고 생각합니다.

주요 용어 정의 먼저 토론에서 쓰일 논제의 주요 용어를 정의하겠습니다. 찬성 측은 '**미성년 연예인**' 에 대해 연예활동을 하는 이들 중 만 20 세가 되지 않은 자를 뜻하는 의미로 사용하겠습니다. 또한 '**선정적인 언행**' 은 성욕을 자극하는 모든 말과 행동을, '**금지해야 한다**' 는 전파를 타는 일이 없어야 한다는 의미로 정의한 후 토론에서 사용하고자 합니다.
논제 재정의 그러므로 만 20 세 미만의 연예인이 말과 행동으로 성적인 매력을 드러내는 것은 전파로 내보내지 말아야 한다는 것이 찬성 측의 주장입니다.

찬성 측 주장 안내 저희 찬성 측은 당사자들의 실제 피해가 발생한다는 점, 현행법 위반이라는 점을 들어 미성년 연예인의 선정적 언행은 금지되어야 한다는 입론을 진행하고자 합니다.

찬성 주요 주장 1 미성년 연예인의 선정적인 언행이 금지되어야 하는 첫 번째 이유는 실제로 당사자들의 피해가 발생하고 있기 때문입니다. 걸그룹 출신의 A 양은 활동 당시 소속사의 노출 요구로 인해 심한 스트레스를 받았고 결국 정신과 치료를 받고 있다고 합니다. 청소년심리학자 이성철 박사에 따르면, 미성년 상태의 이들을 성적 대상으로 보는 것은 성인이 되어도 수치심과 죄책감을 느끼게 할 것이라고 주장했습니다. 활동이 끝나도 고통은 사라지지 않는 것입니다.

찬성 주요 주장 2 미성년 연예인의 선정적인 언행이 금지되어야 하는 두 번째 이유는 미성년연예인근로자 보호 등에 관한 법률안에 저촉될 가능성이 크기 때문입니다. 관련 법률에 따르면 미성년자의 연예 활동은 1 일 7 시간 1 주일 40 시간으로 제한돼 있습니다. 또한 미성년연예인의 근로권, 학습권과 함께 건강권의 보장도 언급하고 있어 선정적인 언행으로 청소년 연예인의 정신적, 육체적 피해가 발생한다면 건강권이 침해되어 법률을 위반하게 됩니다.

주장 정리+효과적인 마무리 저희 찬성 측은 청소년 연예인의 실제 피해 사례와 현행법 위반의 가능성을 들어 미성년 연예인의 선정적인 언행은 금지되어야 한다고 주장했습니다. 성적인 문제는 인간의 존엄성에 대한 문제로 한 번 상처받으면 영원히 치유가 되지 않는 경우가 많습니다. 공공재인 전파를 통해 누군가가 그런 이유로 상처를 받는다면 우리는 법을 통해서라도 그들을 보호해야 한다고 주장하는 바입니다. 이상으로 찬성 측 입론을 마칩니다. 경청해 주셔서 고맙습니다.

13장 과제 수행하기

■ 현재 시사적으로 논의되고 있는 주제를 논제로 정해 아래 순서에 따라 찬성 측 입론을 작성해 보세요.

사회적 배경 ▶ 용어 정의 ▶ 논제 재정의 ▶ 주장 안내 ▶ 주장 전개 ▶ 주장 정리 ▶ 마무리

찬성 측 입론

13장 내용 정리

1. 논증은 주장하는 내용의 타당성을 밝히는 과정이며 주장,근거,증거로 구성된다.
2. 툴민의 논증 모형은 주장, 근거, 증거에 2차 증거, 강도 조절, 한계 설정을 추가로 제시한다.
3. 연역 논증은 가장 강력한 논증의 도구로 증거가 참이면 주장이 참이 되는 방식이다.
4. 귀납 논증은 가장 보편적인 논증의 도구로 증거가 참이면 주장이 참이 될 가능성이 높아지는 방식이다.
5. 증거 제시 방법은 누구나 인정하고 이해하는 객관적 정보인 지식의 제시, 과거에 실제로 일어난 구체적인 예인 사례의 제시, 각종 조사를 통해 얻어낸 계량적인 자료인 통계의 제시, 신뢰할 수 있는 사람의 말을 인용하는 증언의 제시 등이 있다.

14장
오류 분석을 통한 반론의 제기

14장 오류 분석을 통한 반론의 제기

▣ 토론의 반론

- ✓ 반론은 토론의 전제 조건이자 핵심
  - 토론은 서로 다른 입장을 전제로 의견을 나누는 것
  - 현실 세계의 주장은 수학, 과학과 달리 완벽할 수 없어서 언제나 반박의 가능성을 지님

- ✓ 상대의 좋은 반론은 인정

- ✓ 인정할 수 없는 주장을 반론해야 한다면 오류의 이유를 제시하며 건전하게 반론 전개
  - 논제가 제시한 범위를 벗어난 주장은 아닌지
  - 제시한 뒷받침 자료가 타당한지

memo

▣ 주장의 오류

- ✓ 논증과 오류는 운명 공동체
- ✓ 오류는 잘못된 생각, 잘못된 추론, 잘못된 연결

다수가 찬성한다고 옳은 것인가?

근거 국민의 대다수가 찬성하기 때문입니다. ✗ → **주장** 군 복무 가산점제 부활에 찬성합니다.

✗ 남성 응답자가 대부분인 결과를 신뢰할 수 있는가?

증거 병무청 조사 결과, 우리나라 국민의 85%가 군 복무 가산점제 부활을 찬성하는 것으로 나타났습니다.

memo

▣ 토론의 반론

- ✓ 토론의 반론은 오류를 찾아 지적하는 것
- ✓ 반론은 새로운 주장을 제시할 수 없으므로 모두 직접 반박으로 진행
- ✓ 직접 반박의 4가지 전개 *반대 입론 전개 방식과 차이점 주의
   1. 완전 찬성 : 모든 부분에 찬성
   2. 부분 찬성 : 일정 부분은 반대하나, 대체적으로 찬성
   3. 부분 반대 : 일정 부분은 찬성하나, 대체적으로 반대
   4. 완전 반대 : 모든 부분에 반대

- ✓ 주요 주장 반박 전개 순서

 안내 주장 근거 증거

▣ 토론의 반론

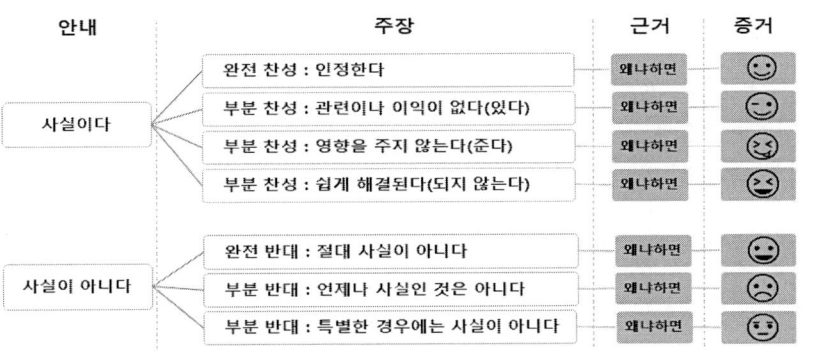

■ 주요 주장 반박의 전개 예시

- **안내**: 일본 제품 불매 운동이 일본 경제에 부정적인 영향을 미칠 수 있다는 것은 사실이다.
- **주장**: 그러나 일본 경제에만 영향을 미치는 것이 아니다.
- **근거**: 일본 제품의 국내 유통, 판매에 종사하는 사람은 우리 국민들이기 때문이다.
- **증거**: 일본 수입물품을 취급하는 국내 자영업자는 매출 감소로 어려움을 겪고 있다.

memo

■ 양면적 메시지의 전개

✓ 일면적 메시지 : **주장 + 근거 + 증거**로 이루어진 메시지
✓ 양면적 메시지 : 내 주장과 반대되는 관점도 포함한 메시지
✓ 논박적 메시지 : 반대 입장이 열등한 이유를 제시하는 메시지
✓ 비논박적 메시지 : 반대 관점에 대해 단순히 제시만 하는 메시지

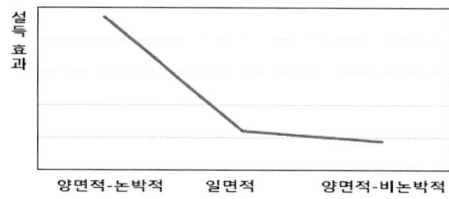

(세로축: 설득효과, 가로축: 양면적-논박적, 일면적, 양면적-비논박적)

memo
단순히 양면적 메시지를 제시하는 것은 일면적 메시지 제시보다 덜 설득적일 수 있다.

◪ 전체를 볼 수 없는 한계, 귀납 논증의 오류

Memo
그림 출처 : 네이버 백과사전

◪ 드러난 것만 관찰할 수 밖에 없는 한계, 귀납 논증의 오류

➤ 열심히, 최선을 다해 자료 수집, 관찰을 했지만……

➤ 아직 알려지지 않은 것을 알 수 있는 방법이 우리에게 없다.

인간은 모두 죽는다? 태어난 사람 다 확인 했어? 나 아직 안 죽었는데?

memo

▣ 권위에 호소하는 오류

- 권위나 힘을 이용해 주장을 받아들이도록 하는 것
  *권위 : 사회에서 일정한 역할을 담당하며 구성원에게 인정되는 영향력
- 증거 제시 방법 중 '**지식**', '**증언**'이 이에 해당함
- 전문가나 권위자의 말이 늘 진실은 아님
- 권위에 압도되지 말고, 적용될 수 없는 예외 사례를 찾아 반박

마시: 이 조사는 설문조사 1위 업체에서 진행한 것입니다.

찰리: 지난 대선 출구조사에서 그 업체의 조사 결과는 맞지 않았습니다.

memo
권위에 호소하는 오류의 사례를 찾아 봅시다.

▣ 인신 공격의 오류

- 주장 자체가 아닌 주장하는 사람의 신상을 공격하는 것
  *신상 : 신체, 처신, 주변에 관한 일이나 형편
- 일단 기분이 나쁘겠지만, 똑같이 해주고 싶은 마음을 참아야 함
- 인신 공격을 지적한 후, 주장에 대해서만 반박해 줄 것을 정중히 요청

💬 적성고사가 뭔 지도 모르는 장관이 무슨 입시를 개편하는가
💬 학교운영위원회 하던 아줌마가 감당 못할 감투를 썼으니 저 모양이지
　 대학 보낼 자식이 아직 더 있나 보지?
💬 위장전입 어떻게 잘할 수 있나 특강이나 하시지!

정시 확대는 학종 공정성 강화 과정에서 전형 간 비율을 조정하는 것입니다.
서울신문 11.18 인터뷰

memo
인신 공격의 오류 사례를 찾아 봅시다.

▣ 무지에 호소하는 오류

- 거짓이라 밝혀진 바가 없으니 참이라는 것
- 또는 참이라 밝혀진 바가 없으니 거짓이라는 것
- 앞으로 밝혀질 가능성을 자료를 제시하며 반박

루시: 개구충제를 사람에게 적용한 임상 사례가 없기 때문에 복용하는 것은 안 됩니다.

찰리: 펜벤다졸은 독성이 없고 부작용 사례도 없어 위험하다고 할 수 없습니다.

memo
무지에 호소하는 오류 사례를 찾아 봅시다.

▣ 감정에 호소하는 오류

- 상대의 감정에 호소하여 주장을 받아 들이도록 하는 것
- 감정적인 연민에 대해서는 인정
- 감정적인 개입으로 올바른 판단을 내릴 수 없음을 지적하며 반박

루시: 이 청년에서 우리 사회가 조금만 더 따뜻한 관심을 기울였다면 참혹한 사건의 가해자가 되지 않았을 겁니다.

프랭클린: 어려운 상황에 처해있다고 모두가 다 그런 끔찍한 범죄를 저지르는 것은 아닙니다.

memo
감정에 호소하는 오류 사례를 찾아 봅시다.

■ 원천 봉쇄의 오류

- 반론의 가능성을 원천적으로 차단하여 주장의 타당함을 밝히는 것
- 그릇된 동기라 해도 주장 자체를 검토해 볼 필요는 있다며 반박

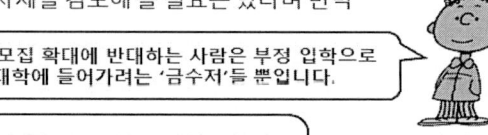

> 정시 모집 확대에 반대하는 사람은 부정 입학으로 대학에 들어가려는 '금수저'들 뿐입니다. — 프랭클린

> '금수저'가 아닌 사람들도 내신과 수능에 대한 사교육 심화 우려로 정시 모집 확대를 반대하고 있습니다. — 샐리

memo
원천 봉쇄의 오류 사례를 찾아 봅시다.

■ 성급한 일반화의 오류

- 부족한 자료를 바탕으로 주장의 타당함을 밝히는 것
- 증거 제시 방법 중 **'사례', '통계'**가 해당됨
- 추가 사례를 요청을 통해 자료의 불충분함을 지적

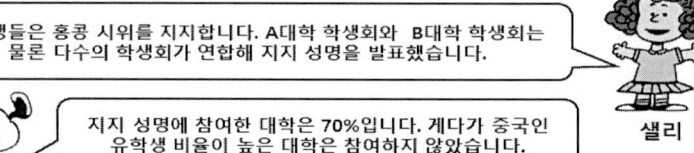

> 대학생들은 홍콩 시위를 지지합니다. A대학 학생회와 B대학 학생회는 물론 다수의 학생회가 연합해 지지 성명을 발표했습니다. — 샐리

> 지지 성명에 참여한 대학은 70%입니다. 게다가 중국인 유학생 비율이 높은 대학은 참여하지 않았습니다. — 스누피

memo
성급한 일반화의 오류 사례를 찾아 봅시다.

읽을거리 : 반론 예시

찬성 측 주장 정리
안녕하십니까? 반대 측 토론자 OOO 입니다. 찬성 측은 선정적인 언행이 청소년 연예인에게 실질적인 피해를 주고, 현행법 위반 소지가 있음을 주장하며 선정적인 언행이 금지되어야 한다고 주장하셨습니다. 물론 찬성 측의 주장대로 연예인의 데뷔 연령이 낮아지는 추세이고 그들의 권리가 일정 부분 침해되고 있는 것에 동의합니다.

반대 측 주장 안내
그러나 찬성 측이 제기한 당사자의 피해는 소수의 사례에 지나지 않는다는 점과 현행법 위반 가능성은 그 기준이 모호하다는 주장을 들어 반론을 진행하도록 하겠습니다.

반대 주요 주장 1
먼저 실제 피해를 호소한 사례는 전체 청소년 연예인의 10% 안팎에 지나지 않기 때문에 선정적인 언행을 금지해야 하는 타당성이 떨어집니다. 일부 사례를 전체 청소년 연예인의 사례로 확대 해석하는 것은 타당하지 않습니다. 또한 찬성 측이 제시한 자료는 단지 그러한 행위를 경험했다는 단순한 수치의 제시일 뿐입니다. 찬성 측은 이러한 경험이 실제로 정신적 피해의 원인이 되었다는 명확한 증거를 제시해 주셔야 합니다.

반대 주요 주장 2
현행법을 위반할 가능성이 크다는 찬성 측의 주장에 대해 저희 반대 측은 법 적용 기준의 모호한 측면이 있다는 점을 들어 동의하지 않는 바입니다. 찬성 측은 선정적인 언행에 대해 성욕을 자극하는 모든 말과 행동으로 정의하신 바 있습니다. 이 때 성욕을 자극한다는 것은 개인적인 차이가 있어 그 기준이 모호합니다. 또한 선정적인 언행을 함에 있어 청소년 연예인 개인이 받아들이는 정신적 피해의 정도도 다르므로 이것이 일반적으로 건강권을 침해한다는 주장을 입증하기에 부족함이 있습니다.

주장 정리+효과적인 마무리
저희 반대 측은 찬성 측이 제시한 사례가 일부에 지나지 않아 일반화가 어렵다는 점, 선정적인 언행의 기준에 개인차가 존재해 법 적용이 모호하다는 점을 들어 논제에 대한 찬성 측의 주장에 반대하는 입론을 전개했습니다. 무슨 직업이든 작은 문제를 안고 있습니다. 이런 문제로 인해 직업적 활동에 제한을 둔다면 사회적 위축을 야기할 것입니다. 이상으로 반대 측의 입론을 마칩니다. 끝까지 경청해 주셔서 고맙습니다.

14장 과제 수행하기

■ 자신이 작성한 찬성 입론의 주요 주장에 대해 작성 순서에 따라 반론을 작성해 봅시다.

찬성 측 주장 정리 :

반대 측 주장 안내 :

첫째 주장에 대한 반박 :

둘째 주장에 대한 반박 :

셋째 주장에 대한 반박 :

주장 정리 및 효과적 마무리 :

14장 내용 정리

1. 현실 세계에서 완벽한 주장은 없고 언제나 반박의 가능성을 지니기 때문에 토론의 반론은 토론의 전제 조건이자 핵심 과정이라 할 수 있다.
2. 논증의 오류는 잘못된 생각, 잘못된 추론, 잘못된 연결을 의미한다.
3. 토론의 반론은 새로운 주장을 제시할 수 없으므로 모두 직접 반박으로 진행한다.
4. 직접 반박은 완전 찬성, 부분 찬성, 부분 반대, 완전 반대로 구분된다.
5. 반박 주장 전개는 안내, 주장, 근거, 증거 순서로 구성된다.
6. 주장+근거+증거로 구성된 일면적 메시지보다 반대의 관점도 포함된 양면적 메시지가 더 설득적일 수 있다. 그러나 반대 관점만 단순히 제시하는 것이 아니라 반대 입장이 열등한 이유가 충분히 제시되어야 한다.
7. 현실 세계의 주장은 전체를 모두 볼 수 없는 한계, 현재까지 알려진 것만 관찰할 수밖에 없는 한계로 인해 태생적으로 귀납 논증의 오류가 발생한다.
8. 권위에 호소하는 오류는 권위나 힘을 이용해 주장을 받아들이도록 하는 것이다.
9. 인신 공격의 오류는 주장이 아닌 주장하는 사람의 신상을 공격하는 것이다.
10. 무지에 호소하는 오류는 거짓이나 참이라고 밝혀진 바가 없으니 참 또는 거짓이라 주장하는 것이다.
11. 감정에 호소하는 오류는 상대의 감정에 호소해 주장을 받아들이도록 하는 것이다.
12. 원천 봉쇄의 오류는 반론의 가능성을 원천적으로 차단해 주장의 타당함을 밝히고자 하는 것이다.
13. 성급한 일반화의 오류는 부족한 자료를 바탕으로 주장의 타당함을 밝히려고 하는 것이다.

15 장
수사적 기법을 통한 최종발언

15장 수사적 기법을 통한 최종발언

■ 토론의 최종발언

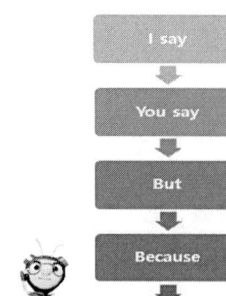

- **I say**: 저는 정시 전형 확대가 수능과 내신 사교육을 조장할 수 있다는 문제를 들어 반대 의견을 밝혔습니다.
- **You say**: 이에 반대 측은 대입 정시 모집 확대가 수시 전형의 불공정성을 개선할 수 있다고 주장했습니다.
- **But**: 그러나 학종이 아예 없어지는 것이 아니라면 정시 모집 확대로 불공정성을 본질적으로 개선할 수 있는지 의문입니다.
- **Because**: 왜냐하면 줄어든 학종 전형 비율은 더 은밀한 정보 독점으로 더욱 폐쇄적인 '그들만의 리그'가 될 수 있기 때문입니다.
- **Therefore**: 그러므로 저는 학종을 폐지하는 등 수시 전형 자체에 대한 대폭적인 변화 없이 단순히 정시 모집 비중을 확대하는 것만으로는 반대 측이 우려하는 불공정성 해결에 도움이 되지 않는다고 생각합니다.

memo

■ 효과적인 마무리

- ✓ 토론은 서로의 주장에 대한 이성적인 교류
- ✓ 그러나 최종 발언의 마무리는 감정에 호소하는 것이 가능

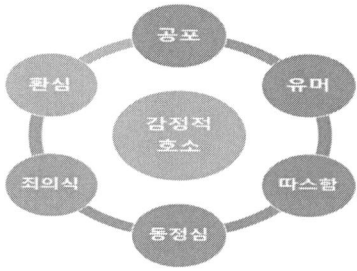

감정적 호소: 공포, 유머, 따스함, 동정심, 죄의식, 환심

memo

▣ 효과적인 마무리

✓ **공포 : 두렵고 무서운 마음에 호소하는 방법**
- 공포는 높은 심리적 각성을 수반하는 부정적 감정
- "흡연은 암을 유발합니다."
- 나의 주장을 따라야 위험을 벗어날 수 있다고 제시
- 분명한 위험에 노출되어 있을 때 효과적
- 위험을 벗어날 수 있는 구체적인 행동지침 제시

✓ **유머 : 웃기는 말이나 행동으로 호소하는 방법**
- 풍자, 일화, 반어, 은유 등의 다양한 접근
- 일반적으로 유머는 호감도와 설득 증가
- 지나치게 우스꽝스러우면 신뢰도 하락
- 상황 구분 못하는 유머는 전문성 떨어져 보임
- 토론 내용과 관련된 유머는 설득력 있음

▣ 효과적인 마무리

✓ **따스함 : 감성을 자극을 자극하여 호소하는 방법**
- 사랑, 가족, 연인, 아이, 강아지→ 피부전기적 반응
- 보통 사람들은 서정적인 감정 경험을 좋아함
- 따스함은 메시지에 대한 회상도를 증가시킴
- 공포, 죄의식 뒤 대조 효과로 제시하면 더욱 효과적임

✓ **동정심·죄의식 : 안타깝거나 미안한 마음을 자극하여 호소하는 방법**
- 통제 불가능한 상황으로 인식하면 동정심 증가
- 통제 가능한 것으로 판단하면 동정심 보다는 분노
- 동정심이나 죄의식에 호소하면 설득 가능성 높아짐

▣ 효과적인 마무리

✓ **환심 : 상대를 기뻐하게 해서 호소하는 방법**
- 칭찬과 아부, 공감과 동조, 좋은 점 내세우기
- 명백한 환심 사기는 실패 가능성 높음
- 그러나 상대가 알면서도 효과적인 경우도 있음
- 거짓말인 것을 알면서 속아 주기도 함
- 거짓이 아닌 환심 사기는 서로에게 이익

memo

▣ 찬성 측 최종 발언의 작성 예시

I say, 저희 찬성 측은 실제 피해 사례를 통해 청소년 연예인의 정신적 피해를 전하고자 했고, 법률에 명시된 건강권의 침해 요소가 있음을 말씀드렸습니다.

You say, 반대 측은 풍선 효과를 말씀하시며 어차피 선정적 언행을 금지해도 다른 형식을 통해 여전히 청소년 연예인은 소비될 수 있다고 염려하셨습니다.

But, 그러나 한꺼번에 변화를 시도할 수 없다면 일단 공공재인 전파를 타는 일을 금지하는 것부터 시도해 볼 수 있습니다.

Because, 반대 측이 말씀하신 헌법 22조 1항에 보장된 예술의 자유는 상대적인 자유입니다. 예술창작이 절대적 자유인 반면에 예술표현은 개인의 이익이나 사회의 규칙 등에 따라 마음대로 할 수 없는 제한적 자유이기 때문에 법적인 근거도 마련되어 있습니다.

Therefore, 그러므로 미성년 신분의 청소년 연예인은 자신의 안전이나 사회 정서에 따라 표현의 자유를 제한할 수 있고 이를 통해 그들의 건강권을 지켜줘야 합니다.

효과적인 마무리

동정심·죄의식 : 안타깝거나 미안한 마음을 자극하여 호소하는 방법

여러분! 스스로 동의하고 선택했으니 그에 대한 책임도 알아서 하라는 것은 같은 사회의 구성원으로서, 또한 사회의 대다수를 구성하고 있는 어른으로서 무책임한 태도입니다. 청소년이 상처받지 않고 올바른 어른으로 성장할 수 있도록 돕는 것은 그들이 연예인이라고 해서 예외가 될 수는 없습니다. 이상으로 찬성 측이 최종 발언을 마치겠습니다. 경청해 주셔서 고맙습니다.

15장 과제 수행하기

■ 자신이 쓴 찬성 주장과 반대 반론을 살펴 찬성 측의 최종 발언을 아래 작성 순서에 따라 작성해 보세요.

찬성 최종발언

I say :

You say :

But :

Because :

Therefore :

감정적 호소 :

15장 내용 정리

1. 최종발언은 I SAY, YOU SAY, BUT, BECAUSE, THEREFORE 과정으로 구성된다.
2. THEREFORE 과정까지 전개 후 마지막으로 감정적인 호소를 진행할 수 있다.
3. 감정적인 호소는 공포, 유머, 따스함, 동점심, 죄의식, 환심 등에 호소하는 전략을 활용할 수 있다.
4. 공포는 무서운 마음에 호소하는 것이며 위험을 벗어날 수 있는 구체적 지침을 제시하는 것이 효과적이다.
5. 유머는 재미있는 말이나 행동으로 호소하는 방법으로 토론 내용과 관련없는 유머는 설득력이 떨어질 수 있다.
6. 따스함은 감성을 자극하는 방법으로 회상도를 증가시키며 공포나 죄의식 뒤 대조적 효과로 제시할 수 있다.
7. 동정심은 안타까운 마음을 자극하는 것이며 통제 가능한 것이라 판단되면 분노가 될 수 있다.
8. 환심은 상대를 기쁘게 하는 것이나 명백한 아부는 실패 가능성이 높다.

16 장
토론의 실행

16장 토론의 실행

■ 제시된 논제에 따라 팀을 나눠 토론을 실행해 봅시다.

논제 :

우리팀 :

상대팀 :

■ 다른 팀의 토론을 평가 기준에 따라 평가한 후 제출해 주세요.

토론 평가표(학생용)

적절했다 3   보통이다 2   미흡했다 1   하지 않았다 0

구분	평가 항목	찬성	반대
입론	배경 설명과 문제제기가 적절한가?		
	용어 정의가 적절한가? (반대 : 용어 정의에 대한 대응이 적절한가?)		
	논제에 대한 첫 번째 근거와 증거 제시가 적절한가?		
	논제에 대한 두 번째 근거와 증거 제시가 적절한가?		
	논제에 대한 세 번째 근거와 증거 제시가 적절한가?		
	마무리 발언이 적절한가?		
반론	상대의 주장 요약과 반박 내용 안내가 적절했나?		
	상대 주장에 대한 첫 번째 반박의 근거와 증거 제시가 적절한가?		
	상대 주장에 대한 두 번째 반박의 근거와 증거 제시가 적절한가?		
	상대 주장에 대한 세 번째 반박의 근거와 증거 제시가 적절한가?		
	마무리 발언이 적절한가?		
최종 발언	상대의 주장 내용을 요약해서 적절히 제시했나?		
	자신의 주장과 반론 내용을 요약해서 적절히 제시했나? (찬성 : 마지막 반박 시도가 적절했나?)		
	효과적인 마무리로써 적절했나?		
호감도	좋은 토론을 펼쳤는가?(8점)		
	합계(50점 만점)		

> 읽을거리 : 토론 진행자에 대한 연구

■ **TV 토론 진행자의 진행 스타일이 진행자에 대한 공신력과 수용자의 태도 및 시청 만족도에 미치는 영향**
한국소통학보, 25호, 255-307. 최지원·허경호(2014)

■ TV 토론 진행자의 진행 스타일

1) 진행 스타일

한 사회나 집단 내에는 그 구성원들이 선택하여 사용하는 약속된 언어 체계가 존재한다. 같은 사건에 대해서도 전달자의 개인적 성격이나 태도, 나이, 직업, 문화 수준 등에 따라 표현 방법에 차이가 발생할 수 있다. 이 때 전달자는 자신에게 주어진 다양한 환경을 고려하여 적합한 언어를 선택하여 말한다. 이러한 것이 규칙적으로 반복되면서 일정한 패턴이 형성되는데 이러한 것을 언어적 스타일이라고 한다(이두원, 1995). 방송 진행자에게도 장르별로 다른 언어적 스타일이 발견되는데 예능 프로그램 진행자만의 언어적 스타일이 있고, 뉴스 캐스터 고유의 언어적 스타일이 존재한다. 같은 언어라 하더라도 어떤 범주에서 행해지는가에 따라 달리 해석될 수 있는 것이다. 예를 들어 갑작스러운 반말이나 저속한 표현들이 예능 프로그램 진행자에게는 허용되지만 뉴스 캐스터에게는 허용되지 않는다. 이는 오랜 시간을 거쳐 유형화된 각자의 언어적 스타일이 존재하고, 수용자가 진행자에게 기대하는 언어적 스타일의 범주도 각기 다르기 때문이다. 이렇듯 프로그램의 진행자마다 다른 고유한 언어적 스타일을 진행 스타일이라 한다(이두원, 1995).

TV 토론 진행자의 진행 스타일은 TV 토론이라는 특정한 커뮤니케이션 상황을 이끌어가는 진행자의 일정한 언어 사용 양식을 말한다. TV 토론 진행자의 진행 스타일은 개인적인 언어 사용 습관으로 형성된 경우도 있고 방송의 제작 의도에 맞춰진 경우도 있다. 진행자의 독특한 언어 사용 습관은 프로그램의 특색을 나타내는 주요 요인이 된다. 제작 의도에 맞춰진 언어 사용 습관은 프로그램에서 요구하는 진행자의 기능과 역할을 수행하기 위해 사용하는 언어들을 유형화한 경우다. 즉 TV 토론 진행자라면 이러이러한 말을 해야 한다는 규범적 특징을 지니며 방송 문화가 추구하는 의도와 계획, 정책 등이 내재되어 표면화된 경우라 할 수 있다(이두원, 1995). TV 토론 진행자의 경우 개인적 언어 습관을 드러내는 경우는 일반적인 토크 프로그램과 달리 거의 없다. TV 토론 진행자의 언어 사용은 프로그램의 시작을 알리고 논제를 공지하며 토론자를 소개하고 토론의 전체적인 흐름을 조절하기 위한 목적이 주가 된다. 토론의 흐름을 조절하기 위해 발언을 정리하거나 새로운 발언권을 주고 다음 단계로 안내를 해주며, 토론이 논제를 벗어나거나 보충 설명이 필요할 때 진행자의 판단에 따라 토론에 개입하는 경우도 있다. 나미수(2003)는 토론 프로그램에서 사회자가 어떤 역할을 하는지 분석하여 단순 진행 역할과 토론 개입 역할을 하는 경우로 구분하는데, TV 토론 사회자의 전체 발언 중 단순 진행 역할을 하는 경우 발언 기회 부여가 60.9%를 차지했고 토론 개입 역할을 하는 경우 문제제기가 49.7%를 차지하는 것으로 나타났다.

(2) 기계적 진행 스타일

TV 토론 진행자의 진행 스타일에서 기계적 진행 스타일이란 프로그램의 흐름을 조절하기 위해 토론자에게 발언 기회를 부여하고 시간을 조정하며 주제와 무관한 내용을 제재하는 역할을 주로 하는 스타일을 말하며 주로 선거방송토론에서 진행자가 취하는 진행 스타일이다. 한국의 선거방송토론은 후보자가 반하는 진행자는 배제하는 방식을 취하고 있다. 이는 객관성을 확보하여 공정성 시비에 휘말리지 않기 위해서지만 토론 상황이 정치적으로 매우 민감하기 때문에 진행자의 역할은 제한적일 수밖에 없다. 진행자가 적극적으로 토론에 개입할 경우 자칫 진행자의 주관적 가치가 개입되어 토론의 공정성을 해칠 수 있기 때문이다. 실제로 지난 16 대 대선 후보 TV 합동토론회의 진행자는 30 초 이내로 각 후보자에게 질문을 하고 후보자의 답변 내용에 대해 다른 후보에게 반론의 기회를 주며 답변과 반박의 시간을 주지시키는 단순 타이머의 역할을 하는 것에 그치고 말았다. 물론 TV 토론 진행자가 토론의 규칙을 엄격히 적용하는 모습을 보일 때 토론 참여자들도 토론의 규칙을 준수하게 된다. 그러나 융통성 없는 시간 제한과 발언권 부여는 토론의 맥을 끊게 할 수 있다(유애리, 2003). 김선화(2008)는 토론의 흐름을 원활하게 하기 위해 발화되는 언어적 행위를 '메타화행'이라 정의하고 토론 진행자에게 나타나는 대표적인 메타화행으로 '말차례 부여하기'를 언급했다. 또한 화행 중단, 발언 조절 및 주제 조절, 이후 화행에 대한 예고 등을 토론 진행자가 수행하는 메타 화행으로 정리했는데 이는 일정 부분 기계적 진행 스타일과 일치한다. 김형주(2010)는 시사토론 대화의 거시 구조를 '단계'와 '대화 연속체'로 구분하여 정의했는데 '단계'란 대화 구조를 대화의 진행 절차에 따라 분석한 개념이고 '대화연속체'는 대화 구조를 '인사+인사', '질문+답변' 등의 대응쌍으로 분석한 개념이다. 단계는 토론의 전체적인 흐름을 이어가기 위한 것으로 양식화된 대화의 진행 절차를 말한다. 대화를 시작하고 전개하며 끝맺는 구조를 설명하면 소개 단계, 논의 예비 단계, 논의 중심 단계, 종료 단계 등으로 나눌 수 있다. 소개 단계에서 진행자는 시청자에 대한 인사, 주제 소개, 토론자 소개 및 토론 참여 방법 안내 등을 한다. 이 단계는 상황에 따라 다르지만 전체 언어 사용 중 약 2~5%의 비중을 차지한다. 논의 예비 단계는 본격적인 논의에 앞서 주제에 대한 토론자들의 기본적인 입장을 확인하는 단계다. 이 때 진행자는 토론자의 소속 단체와 직업 등을 확인하고 논제에 대한 입장을 묻는다. 이 과정은 아카데미식 토론의 입론과 같은 기능을 하며 관례적으로 반론을 허용하지 않는다. 토론자와 진행자가 1:1 대화 형식으로 진행하며 대화 연속체의 형식을 취하지만 일반적으로 진행자가 토론자의 발언 내용에 개입하지 않는다. 전체 언어에서 논의 예비 단계가 차지하는 비중은 3~6% 정도다. 다음으로 논의 중심 단계는 토론 주제와 관련 있는 다양한 화제가 논의되는데 소분류에 따라 제 1 화제, 제 2 화제 및 제 3 화제로 구분한다. 이 단계는 반론이 허용되고 본격적인 대화 연속체가 나타난다. 이 같은 논의 중심 단계는 전체 언어 사용의 87~94%를 차지할 정도로 토론에서 핵심적인 부분이다. 마지막으로 종료 단계는 토론한 내용을 평가하며 마무리하고 끝인사를 하는 단계로서 1% 안팎의 비중을 차지한다.

    진행자의 주관적 견해가 TV 토론에 영향을 미칠 수 있다는 판단은 기존 TV 토론 진행자의 진행 스타일을 기계적 진행 스타일에 머무르게 하고 있다. TV 토론 및 라디오 토론을 통틀어 약 1,600 회 이상의 토론을 진행했고 <KBS 심야토론>의 진행자였으며 현재 <MBC 100 분 토론>의 진행자인 정관용은 토론자의 주장이 논리적으로 맞지 않을 때 상대편 토론자가 이를 지적하지 못하는 경우 진행자가 개입하는 것은 바람직하지 않다는 견해를 밝힌 바 있다. <tvN

끝장토론>의 진행자였던 백지연도 '진행자 최소 개입의 원칙'을 표방하며 토론자 중심의 흐름을 지향한다고 밝혔다. <KBS 심야 토론>의 진행을 봤던 왕상한은 서로 다른 생각의 접점을 찾아 공감을 확장하는 일이 토론 진행자의 역할이라며 진행자 중심이 아닌 토론자 중심의 토론을 지향한다고 밝혔다. <MBC 100분 토론>과 라디오 프로그램 <시선집중>을 진행했던 손석희는 진행자는 토론 흐름에 대한 개입을 자제하고 필요한 내용인 경우 토론자가 상호 실문하게 하는 것이 이상적이라는 견해를 밝혔다. 결론적으로 TV 토론 진행에서 기계적 진행 스타일은 시청자와 토론자에게 토론의 흐름을 안내해 주는 것이라 정리할 수 있다. 따라서 토론 진행자의 역할은 최소한으로 제한된다.

(3) 적극적 진행 스타일

TV 토론 진행자의 진행 스타일에서 적극적 진행 스타일이란 프로그램의 흐름을 통제하기 위해 문제제기, 선행 발언을 요약, 발언 내용에 대한 질문이나 확인, 내용 보완이나 설명 요청 등을 행하는 스타일을 말한다. 앞서 다룬 기계적 진행 스타일과 대비되는 개념으로 진행자가 매우 역동적으로 토론에 개입하는 스타일을 말한다. 오랫동안 우수한 TV 토론을 만들고 있는 프랑스의 경우, 토론 프로그램 전문 사회자들은 프로그램을 대표하는 캐릭터로, 프로그램의 아이덴티티(identity)를 결정하는 존재로 위치한다(하윤금, 2001). 프랑스 토론 프로그램의 경우 2~3명의 사회자가 공동진행방식을 통해 적절히 역할 분담을 하면서 토론의 완급을 조절한다는 점은 1인 사회자가 주를 이루고 있는 우리나라 토론 프로그램과의 차이점이다. 55년 역사를 지닌 미국 NBC의 <Meet the Press> 진행자 팀 루서트(Tim Russert)는 토론 진행은 물론 편집자의 역할도 병행하고 있다. 독일의 경우 TV 토론 진행자는 대부분 언론인이 맡고 있는데 통상적으로 토론자의 양 옆에 앉아 프로그램을 진행한다(나미수, 2003). 진행자는 프로그램 초기에 화두를 던져 문제제기를 하고 토론자가 골고루 의견을 밝힐 수 있도록 발언권을 부여한다. 또한 특정인의 발언이 길어질 경우 이를 제재하고 다른 토론자에게 발언권을 주며 주장이 한 방향으로 치달으면 제동을 걸거나 반박을 하기도 한다. 미국, 프랑스, 일본 및 독일 등 주요 국가의 TV 토론 진행자는 적극적인 진행 스타일을 보이는데 외국의 경우 저널리스트나 정치인

출신이 주로 진행자의 역할을 하는 것이 이유가 될 수 있다. 정계에서 오랜 경력을 통해 식견을 갖췄거나 언론인 경험을 통해 전문성을 획득한 진행자는 내용을 적극적으로 이끌 수 있는 역량을 갖추고 있다. 또한 집단 진행자 체제의 경우 주제에 따라 전문성이 높은 사람이 교대로 진행하므로 다양한 시각과 적극적인 토론 진행이 가능하다. 국내 TV 토론 진행자가 최소한 중립적인 입장을 견지하며 토론 내용에 대해 주관적 입장을 밝히지 않고 기계적인 진행과 단순 조정자의 역할에 머물면서 상대적으로 소극적인 진행을 하는 것과는 대조적이다.

물론 토론 진행자가 양쪽에 공정한 기회를 제공하는 것은 기본 원칙이지만 토론자 간 반론이 적극적으로 제시되게 하거나 적절한 질문을 통해 토론 내용을 심화시키는 것은 토론의 질을 높이는데 필요하다(나미수, 2003). TV 토론 진행자의 적극적 진행 스타일에 대한 부정적인 견해도 있다. 윤 철(2008)은 논쟁적인 사안에 대해 진행자의 가치 개입을 배격하고 공정성과 균형성을 철저히 지키는 객관 저널리즘과 진행자의 가치 개입을 허용하는 주창 저널리즘(advocacy journalism)을 구분하고 주창 저널리즘이 한국 사회에 빠르게 확산되고 있는 현상에 주목했다. 방송의 공정성은 프로그램에 참여하는 모든 제작진의 공동 책임인데 진행자에 의해 훼손될 수 있다는 지적이다. 또한 진행자의 의견 개입 방식을 분석했는데 추측과 추론, 맞장구, 국민 전체의 의견처럼 가장한 의견의 제시, 개인적 경험에 근거한 판단 또는 정책 방향 제시 등이 그것이다. 윤철(2008)은 개입적 진행 스타일에 대해 부정적인 입장을 취하는데 디지털 미디어 환경에서 주창 저널리즘이 확대되고 있다고 해도 방송 진행자라면 공익 추구와 민주주의 구현의 책임을 안고 공정성을 잃지 않아야 신뢰감을 확립할 수 있다는 주장이다. 물론 윤철(2008)의 연구는 뉴스와 시사 프로그램의 진행자를 대상으로 한 분석이지만, TV 토론 진행자에 대한 연구가 미미한 상태에서 TV 토론과 범주를 같이 하는 시사 프로그램 진행자의 적극적 진행 스타일에 대한 지적은 충분히 참고할 가치가 있다고 판단된다.

그러나 절대적인 객관 저널리즘은 없다고 본다면 진행자는 어떤 형태로든 프로그램의 흐름에 개입할 수밖에 없는데 TV 토론 진행자가 토론에 개입할 수 있는 단계는 논의 중심 단계다. 소주제별로 진행되는 토론의 흐름에서 토론자가 놓치고 있는 문제를 제기하거나 토론자의 발언을 요약하고 보충 질의나 내용 확인, 보완 설명 요청 등의 진행 스타일을 사용한다. 김형주(2010)는 논의 중심 단계에서는 반론이 허용되고 '질문+답변+반론'의 대화 연속체가 실현된다고 주장했다. TV 토론 진행자가 토론자에 버금가는 질문, 반론을 펼치는 것은 부적절한 행위지만 토론의 흐름을 원활하게 하기 위해 적절한 시기에 적극적 진행 스타일을 구사하는 것이 필요하다는 주장이다.

16장 과제 수행하기 : 토론 flow chart

■ 토론의 흐름을 간략히 메모하며 전체 내용을 파악해 봅시다.

찬성 입론	
반대 입론	

찬성 반론	
반대 반론	

반대 최종발언	
찬성 최종발언	

16장 과제 수행하기 : 토론 flow chart

■ 토론의 흐름을 간략히 메모하며 전체 내용을 파악해 봅시다.

찬성 입론	
반대 입론	

찬성 반론	
반대 반론	

반대 최종발언	
찬성 최종발언	

■ 참고문헌

김영석(2005). 설득 커뮤니케이션. 나남.
김우룡·김해영(2014). 비언어 커뮤니케이션. 커뮤니케이션북스.
박해조(1998). 제목 없는 책. 빛다람터.
심현섭 외(2014). 의사소통장애의 이해. 학지사.
이정옥(2008). 토론의 전략, 문학과 지성사.
이상철 외(2006). 스피치와 토론. 성균관대학교 출판부.
임태섭(2010). 스피치 커뮤니케이션. 커뮤니케이션북스.
정대찬(2015). 올바른 표준어 구사를 위한 훈련법. 경성대학교 석사논문.
최지원·김지아·정영주·허경호(2019). 인간의 기본 감정에 따른 어조 탐색과 스펙트럼 분석. 한국소통학보, 18권, 4호, 121-157.
최지원·허경호(2015). 아카데미식 토론의 입론 전개 방식에 따른 설득 효과: 설득 지식 모델을 중심으로. 한국소통학보, 28호, 79-113.
최환진·유종숙(2005). 프레젠테이션 프로페셔널. 커뮤니케이션북스.
하상균(2013). 하상균의 파워 프레젠테이션. 커뮤니케이션북스.
허경호(2012). 논증과 토론. 온소통.
허경호(2013). 소통과 스피치. 온소통.
Andreu Abella(2009). Advanced Presentation by Design: Creating Communication that Drives Action. 송기인·김은경 역(2011). 익스트림 프레젠테이션 : 당신이 원하는 방향으로 청중을 움직이는 기술. 커뮤니케이션북스.
Carol Marrs(1992). The Complete Book of Speech Communication A Workbook of Ideas and Activities for Students of Speech And Theater. Meriwether Publishing.
Edward Damer(1994). Attacking Faulty Reasoning. 김회빈 역(2014). 논리의 오류. 중원문화.
Gene Zelazny(2001). Say It with Chart. 김한영 역(2001). 최고의 실무자가 되려면 차트로 말하라. 씨앗을 뿌리는 사람.
John Meany & Kate Shuster(2003). On That Point! An Introduction to Parliamentary Debate. 혀경호 역(2008). 모든 학문과 정치의 시작 토론: 의회식 토론법으로 배우는 토론의 이해와 실제. 커뮤니케이션북스.
Kate Shuster & John Meany(2005). Speak Out. Debate and Public Speaking in the Middle Grades. IDEBATE PRESS.
Stelphen Lucas(2008). The Art of Public Speaking. McGRAE HILL.

Public Speaking!
스피치, 토론, 프레젠테이션

2020년 3월 10일 초판 1쇄 인쇄
2020년 3월 15일 초판 1쇄 발행

저　　자 | 최지원 著

발 행 처 | 도서출판 에듀컨텐츠휴피아
발 행 인 | 李 相 烈
등록번호 | 제2017-000042호 (2002년 1월 9일 신고등록)
주　　소 | 서울 광진구 자양로 28길 98
전　　화 | (02) 443-6366
팩　　스 | (02) 443-6376
e-mail　 | iknowledge@naver.com
web　　 | http://cafe.naver.com/eduhuepia
만든사람들 | 기획・김수아 / 책임편집・이진훈 황혜영 이강빈 길은지 김정연
　　　　　 디자인・유충현 / 영업・이순우
I S B N | 978-89-6356-276-6 (13800)

정　　가 | 12,000원

ⓒ 2020, 최지원, 에듀컨텐츠휴피아

＊ 이 도서의 국립중앙도서관 출판예정도서목록(CIP)은 서지정보유통지원시스템 홈페이지(http://seoji.nl.go.kr)와 국가자료종합목록구축시스템(http://kolis-net.nl.go.kr)에서 이용하실 수 있습니다. (CIP제어번호 : CIP2020008966)

＊ 이 도서는 저작권법에 따라 보호받는 저작물이므로 무단전재와 무단복제를 금지하며, 이 책 내용의 전부 또는 일부를 이용하려면 반드시 저작권자 및 에듀컨텐츠휴피아 출판사의 서면 동의를 받아야 합니다.